Hast du auch diese schlimme Krankheit
Verschieberitis

Mein aufrichtiger Dank gilt
Gisela Nehrbaß
Ohne ihre Beteiligung und Motivation,
wäre dieses Buch nicht entstanden

Steffen Bilawni
Für die Satz- und Covergestaltung

Ernst Crameri

Hast du auch diese schlimme Krankheit

Verschieberitis

„Time to wake up"

Handle in Zukunft sofort

Aktive Tipps zur sofortigen Umsetzung

Bibliografische Information der Deutschen Nationalbibliothek
Die Deutsche Nationalbibliothek verzeichnet diese Publikation
in der Deutschen Nationalbibliografie; detaillierte bibliografische Daten sind im
Internet über http://dnb.d-nb.de abrufbar.

© 2011 Ernst Crameri
Crameri-Naturkosmetik GmbH Beauty&Wellness

ISBN: 978-3-86689-005-3

Inhaltsverzeichnis

Vorwort

Liebe Leser,

es ist spannend, dass Sie dieses Buch gekauft haben. Bestimmt leiden Sie auch unter der Krankheit „Verschieberitis!" Kein schöner Moment in unserem Leben, denn er hindert uns am Fort- und Weiterkommen. Dies ist schade, da unsere Zeit auf Erden leider beschränkt und limitiert ist. Wir haben kein unendliches Leben, sondern ein endliches. Das heißt, eines Tages ist es vorbei. Wie schön, wenn wir dann wenigstens sagen können

„Oh ja, wir haben voll und ganz gelebt!"

Das wünsche ich Ihnen von Herzen, denn es macht zufrieden und glücklich.

Dies gelingt den meisten Menschen nicht. Wir sehen mehr Zauderer und Jammerer auf unserem Lebensweg. Personen, die frustriert sind, von früh bis spät jammern und die Schönheiten des Lebens, die Möglichkeiten und Facetten, völlig außer Acht lassen. Das ist schade und traurig, denn wir wurden alle mit vielen Qualitäten, Möglichkeiten ausgestattet und nutzen nur einen geringen Bruchteil davon.

Das Buch enthält wertvolle Inputs, für Sie und Ihr Leben. Wir werden gemeinsam verschiedene Aspekte anschauen. Es sind Übungen und Aufgaben, um aus der Lethargie des Wartens, auf den günstigen Augenblick herauszukommen, der richtige Moment kommt nie. Genau jetzt im Augenblick, heißt es

"Anfangen und loslegen!"

und

„Learning by doing!"

Dies ist das Thema und nicht warten, bis man perfekt ist. Das werden wir nur ein einziges Mal in unserem Leben sein. Das ist der Moment, wenn wir tot sind. Solange wir leben, gibt es nichts 100%-iges. Egal, wo Sie herkommen, unabhängig, was man Ihnen erzählt hat, es spielt überhaupt keine Rolle. Viel entscheidender ist, welche Meinung Sie von sich haben und was Sie daraus machen. Das ist wertvoller, denn letztendlich zählen die erzielten Ergebnisse und nicht das, was Sie alles tun wollten.

Ich wünsche Ihnen von Herzen, die volle Kraft für die Dinge, die Sie schon immer tun wollten. Sie diese entsprechend umsetzen und nie mehr in Ihrem Leben, noch eine einzige Sekunde zögern.

Nehmen Sie sich die Zeit und besuchen Sie uns auf einem unserer inspirierenden Lehrgänge. Schauen Sie täglich im www.crameriblog.de nach oder abonnieren einen unserer Newsletter unter www.crameri-newsletter.de. Hier erhalten Sie kostenlos wertvolle Inputs.

In diesem Sinne für Sie alles Liebe auf Ihrem Lebensweg.

Herzlichst

Ihr Ernst Crameri

Wie sieht Ihr Leben aus

Lassen Sie uns gemeinsam Ihr Leben anschauen. Wie sieht es aus? Sind Sie zufrieden und glücklich? Dies ist die erste, schnellste und oberflächlichste Frage. Bei der Beantwortung ist es wichtig, dass Sie ehrlich sind. Es nützt nichts, wenn Sie sich etwas vormachen. Wenn ich die Leute frage, ob Sie vollkommen glücklich sind, erhalte ich das Feedback „Ach, es geht!" Bei näherem Hinterfragen und Betrachten bestätigt sich dies.

Absolute Ehrlichkeit sich selbst gegenüber

Das ist der wichtigste Schritt, um überhaupt langfristig eine Veränderung herbeizuführen. Auf die Schnelle etwas zu ändern, ist nicht die Kunst. Danach kann man sagen „Ich habe es probiert!" Das darf aber nie unsere Ausgangsbasis sein. Wir werden ab sofort nichts probieren, sondern machen und tun, um endlich die Dinge umzusetzen, zum Wohle der Mitmenschen und uns selbst.

Auf einer Skala von 1 bis 100%

Wo können Sie sich ansiedeln? Selbsterkenntnis und Beurteilung, hat nichts mit Selbstverurteilung zu tun. Wir müssen imstande sein, unsere Position zu erkennen. Es ist nicht wichtig, was die anderen von uns denken und meinen. Wichtig ist, was wir von uns halten und wie wir das Ganze einschätzen.

Ihr Privatleben   von 1 – 100%   Wo befinden Sie sich?

_____

Ihr Berufsleben   von 1 – 100%   Wo befinden Sie sich?

_____

Notieren Sie die Ziffer, machen Sie es bitte sofort. Das ist der Sinn dieses Buches, dass Sie nie etwas auf irgendwann, oder später verschieben. Jetzt und sofort heißt die Devise. Sonst haben wir wieder die alte Nummer. Diese wollen wir uns aber schenken, weil es nichts bringt, das wissen wir mittlerweile zur Genüge.

Wenn Sie Ihre Beurteilung anschauen

Wie fühlt sich das an, was spüren Sie? Was denken Sie? Wie geht es Ihnen? Welche Gedanken kursieren in Ihrem Kopf? Lassen Sie es uns genauer betrachten.

I. Ihr Privatleben

1.) Was haben Sie für ein Gefühl?

_____

2.) Wie geht es Ihnen damit?

_____

3.) Wieso ist das so?

_____

4.) Möchten Sie so weiterleben?

_____

5.) Wenn Ja/Nein, wieso?

_____

Was ist Ihr Fazit aus Ihrem Privatleben:

_____

Sofort durchführen und nicht weiterlesen, sonst sind Sie ein reiner Konsument und das nützt nichts. Weg vom Konsum, in die Aktivität, bringt wesentlich mehr und macht richtig glücklich. Sollten Sie jetzt Skrupel haben, in das Buch zu schreiben, ist das Blödsinn. Bücher sind zum Arbeiten da und nicht als Schmuckstück für die Bücherwand. Wenn Sie wollen, nehmen Sie anstatt eines Kugelschreibers einen Bleistift. So haben Sie die Möglichkeit zu radieren, falls sich etwas ein wenig anders darstellen sollte.

Arbeiten Sie mit Textmarker, damit halten Sie wichtige Passagen unverzüglich fest. Auch hier sofort umsetzen und nicht warten. Wie oft haben wir schon gesagt, das mache ich heute Abend, Morgen, nächste Woche und dann war es das.

Teilen Sie jede Seite in zwei Hälften. Wenn Sie die obere Hälfte gelesen haben, stoppen Sie und schreiben den für Sie wichtigsten Merksatz, oben in das freie Feld. Genau das Gleiche machen Sie am Ende der Seite. Wenn ein Kapitel zu Ende ist, fassen Sie die fünf wichtigsten Merksätze zusammen. Dadurch haben Sie einen wunderbaren Überblick.

Am Ende des Buches fassen Sie bitte aus den gesamten Kapiteln, die fünf wichtigsten Merksätze zusammen. Wieso gerade fünf, fragen Sie sich? Weil man sich fünf gut merken kann und es sich um die erfolgreiche Quintessenz handelt. Wir können uns unmöglich auf alles gleichzeitig konzentrieren, dazu sind wir nicht in der Lage.

II. Ihr Berufsleben

1.) Was haben Sie für ein Gefühl?

_____

2.) Wie geht es Ihnen damit?

_____

3.) Wieso ist das so?

_____

4.) Möchten Sie so weiterarbeiten?

_____

5.) Wenn Ja/Nein, wieso?

_____

Was ist Ihr Fazit aus Ihrem Berufsleben:

_____

Was ist Ihr Fazit aus beidem:

_____

Der erste Schritt ist getan

Nun haben Sie den ersten Schritt getan, ehrlich die Fragen beantwortet, sicherlich ein komisches Gefühl. Bis Sie am Ende dieses Buches angelangt sind, fällt Ihnen die Beantwortung der Fragen nicht mehr so schwer.

Sie haben sich gerade intensiv mit sich beschäftigt

Leider tun das die wenigsten Menschen. Man beschäftigt sich lieber mit den anderen, versucht diese zu manipulieren. „Tue dies, tue das, tue jenes nicht, ich würde an deiner Stelle!" Kennen Sie das auch? Bestimmt und darin sind wir fast alle große Meister. Wie abscheulich dieses Verhalten, finden Sie nicht auch? Welche Lustgefühle der Abartigkeit, diese Dinge doch auslösen mögen, dass man es mit solch einer Vehemenz betreibt. Das ist wirklich nicht gut und bringt Ihnen nichts. Es frisst Ihre Zeit und Lebensenergie, wie dumm.

Lassen Sie die anderen Menschen in Ruhe

Damit haben Sie viel Zeit gewonnen. Sie leben fortan friedlicher und leistungsfähiger, denn durch das Manipulieren lösen Sie bei den anderen Menschen keine Freude aus. Oder mögen Sie es, wenn Sie permanent beeinflusst werden? Ich kann es mir nicht vorstellen, im Gegenteil. Sie werden sich wehren und es gibt erneut Stress. Genau den gilt es, auf alle Fälle zu vermeiden. Denn Sie sind für Ihren Energiehaushalt verantwortlich, Sie alleine und niemand anderes. Also schenken Sie sich in Zukunft das Ereifern, anderen Menschen gegenüber.

Jeder hat das Recht auf sein eigenes Leben

Dies fordern Sie für sich und geben es auch den anderen Menschen. Kümmern Sie sich ab sofort um Ihre eigenen Belange, da haben Sie genug zu tun, es ist eine lebenslange Aufgabe. Unterschätzen Sie niemals den Zeitfaktor. Oft glaubt man, einmal kurz angegangen, ist alles für ewige Zeiten erledigt, dem ist überhaupt nicht so. Arbeiten Sie täglich an Ihrem Fort- und Weiterkommen. Es macht unendlich Spaß, Freude und bringt Sie in Ihrem Leben enorm weiter.

Wir werden das immer und immer wieder tun

Wir werden uns permanent um die eigene Analyse kümmern, denn je besser wir uns kennenlernen, desto besser können wir mit uns umgehen. Das hat nichts mit Zufall oder Glück zu tun. Es kommt von Können und dies geschieht nur, wenn ich mich voll und ganz auskenne und die dringlichen Dinge, in die Wege leite. Wenn nicht jetzt, wann dann?

Selbsterkenntnis ist der erste Weg

Sich selbst zu erkennen, welch ein schönes und erhabenes Gefühl. Nichts dem Zufall überlassen, alles klar im Griff zu haben und damit in die Unabhängigkeit zu gelangen. Ein Feeling, auf welches Sie nie verzichten sollten.

Was wollen Sie wirklich

Die Frage aller Fragen ist stets, was wollen Sie? Ja, was wollen Sie wirklich? Wieso wollen Sie das? Leider hat man uns im Verlauf von vielen Jahren beigebracht, nicht zu viel zu wollen und vor allem nicht egoistisch zu sein. Als kleines Kind war unser Hauptwort stets

„Ich, ich, ich!"

Das ist auch gut, denn Sie sind das Allerwichtigste für sich selbst. Wenn es Ihnen richtig gut geht, strahlen Sie das aus. Die Mitmenschen in Ihrem Umfeld, erleben einen in sich ruhenden und glücklichen Menschen.

Schreiben Sie sofort Ihre zehn wichtigsten Punkte auf

Bitte bei dieser Aufgabe nicht zensieren, von wegen „Das geht nicht, ist zu kompliziert, oder sonstige, negative Glaubenssätze!" Es ist nicht die Frage, ob Sie es sich im Moment leisten können, oder nicht. Es ist die Frage, wo Sie hin möchten. Ich hatte früher sehr viele Wünsche und meine Geldbörse war weit davon entfernt. Schreiben Sie bitte alles auf, und wenn zehn Punkte nicht reichen sollten, fügen Sie noch weitere hinzu.

Meine Ziele und Visionen

1.) _____

2.) _____

3.) _____

4.) _____

5.) _____

6.) _____

7.) _____

8.) _____

9.) _____

10.) _____

Wie fühlt es sich für Sie an

Jetzt, wo Sie die Arbeit gemacht und alles aufgelistet haben, wie fühlt es sich für Sie an? Die Meinungen gehen auseinander, ein Großteil sagt, das ist nicht leicht. Das ist auch meine Erfahrung, wenn man sich noch nie damit befasst hat. Leider beschäftigen sich viele mit all den anderen Dingen. Männer mit ihrem PC oder Auto, Frauen mit Kosmetik, Mode und Sonstigem. Nur um das eigene Leben, wird sich leider zu wenig gekümmert.

Ihr Fazit

Fassen Sie es kurz zusammen, was ist aus dem Ganzen Ihre wichtigste Erkenntnis? Was lernen Sie daraus? Auch hier bitte erneut ehrlich zu sich selbst sein. Das gehört Ihnen alleine, genauso wie letztlich Ihr Leben. Halten Sie Ihre fünf Fazitpunkte fest.

1.) _____

2.) _____

3.) _____

4.) _____

5.) _____

18

Mir fällt nichts ein

Das höre ich bei solchen Trainings häufig, sei es in der Form von Schulungen oder Coachings. Meist stehen wir völlig verloren vor solchen Aufgaben und es fällt uns leider wenig ein. Dann kommen aus unserem Inneren, von unserem Schweinehund komische Botschaften hoch. „Das ist alles Quatsch, Blödsinn, das brauchst du nicht. Was soll denn das? Du wirst das nie schaffen!" Wenn sich das mit den Glaubenssätzen verbündet, haben wir kaum eine Chance, außer wir lassen uns davon nicht beirren und ziehen es sofort durch. Mein großes Anliegen an Sie

„Erledigen Sie die Aufgaben sofort!"

Es kommen permanent Neue hinzu. Wenn Sie es nicht tun, werden Sie nachlässig und alles rückt in weite Ferne.

Was wollen Sie nie mehr

Es nützt nichts, wenn wir nur anschauen, was wir wirklich wollen und alles andere außer Acht lassen. Denn es ist stets eine Symbiose von dem was ich will und was ich nicht will. Wenn diese beiden zusammenspielen, kommen wir zu dem entsprechenden Erfolg. Alles andere ist ein Märchen und führt zu nichts. Haben Sie das nicht schon lange genug so gehabt? Wollen Sie solche Momente noch länger erleben? Ich glaube nein, denn sonst hätten Sie nicht dieses Buch gekauft und wären auf dieser Seite.

Sie müssen etliches streichen

Da tun sich manche schwer. Loslassen, ist für die meisten Menschen ein riesen Thema. Man klammert, als würde es auf dieser Erde nichts anderes geben. Das ist fatal, denn wenn ich nicht imstande bin, alte Dinge loszulassen, habe ich keine Chance, neue Möglichkeiten zu ergreifen und zu vertiefen. Schreiben Sie bitte ehrlich auf, was Sie nie mehr möchten. Es gibt genügend Dinge und lassen Sie sich nicht davon ablenken, auch wenn sich das Gefühl einschleichen sollte, das kann man doch nicht machen.

Was will ich nie wieder (unabhängig davon, ob es schmerzt oder unmöglich erscheint)

1.) _____

2.) _____

3.) _____

4.) _____

5.) _____

6.) _____

7.) _____

8.) _____

9.) _____

10.) _____

Wie fühlt es sich jetzt für Sie an

Welches Gefühl haben Sie? Geht es Ihnen gut, wo Sie endlich alles aufgeschrieben haben? Oft ist es so, dass man tief in seinem Inneren manches gespürt hat und weiß, welche Dinge geändert werden sollten. Angst, Unsicherheit und sonstige komische Gefühle, hindern uns jedoch daran. Das ist schade, denn das Einzige, was dabei kaputtgemacht wird, ist unsere kostbare Lebenszeit.

Ihr Fazit

Was ist Ihr Fazit aus der Arbeit? Wie fühlt sich das für Sie an? Geht es Ihnen gut dabei, oder verspüren Sie eher Unbehagen?

1.) _____

2.) _____

3.) _____

4.) _____

5.) _____

Es ist schwer

Das höre ich häufig, es ist schwer, oder mir fällt nichts ein, dies ist völlig normal. Alles, was neu ist, zeichnet sich am Anfang als schwer ab. Denken Sie doch an Ihre erste Fahrstunde. Wie war diese? Konnten Sie von Anfang an gleich Auto fahren und zügig einparken? Haben Sie in der Theorie alles sofort beherrscht? Üben, üben und nochmals üben, ist die einzige Chance, schnell zu einem Meister zu werden. Warten Sie keine Minute länger darauf, dass sich die Dinge von selbst richten werden.

Fassen Sie Ihre Ausarbeitung zusammen

Jetzt sind wir Ihrem Inneren ein Stück näher gekommen. Nun geht es um die Vertiefung, sonst bleibt es wie fast immer an der Oberfläche. Genau das soll auch der Sinn dieses Buches sein, Abhilfe zu schaffen. Sie leben dadurch wesentlich ruhiger und absolut souverän. Hier liegt die Kraft und Inspiration, mit großer Souveränität durchs Leben zu schreiten.

Es geht um die Quintessenz

Es geht um die sogenannte Quintessenz, das heißt, um das Allerwichtigste in Ihrem Leben. Aus diesem Grunde schreiben wir es auf. Betrachten Sie Ihre Ausarbeitungen bis ins kleinste Detail und suchen Sie die Punkte heraus, die Ihnen am wichtigsten erscheinen. Diese schreiben Sie auf Position eins, danach folgt die zweite und dritte. Schon haben Sie einen klaren Überblick.

Ihre drei wichtigsten Punkte von „Was will ich wirklich?"

1.) _____

2.) _____

3.) _____

Ihre drei wichtigsten Punkte von „Was will ich nie mehr?"

1.) _____

2.) _____

3.) _____

Wie ist es für Sie

Jetzt, wo Sie das Ganze festgehalten haben, wie fühlt es sich für Sie an? Auf diese Frage erhalte ich oft folgende Antwort „Das ist nicht leicht!" Nun denn, das hat niemand behauptet, dass es einfach ist. Schwierig wird es dadurch, dass Sie nicht gewohnt sind, in diesen Dimensionen zu denken, teilweise der Mut gefehlt hat, aufzuräumen. Wir betrachten uns die Vorgehensweise in den nächsten Kapiteln. Das ist erst ein kleiner Schritt, auf dem Weg in die große Veränderung, des eigenen Seins.

Ihr Fazit

Welches sind Ihre drei wichtigsten Erkenntnisse, aus diesem gesamten Prozess? Schreiben Sie diese ehrlich, ohne irgendeine Beschönigung auf.

1.) _____

2.) _____

3.) _____

Herzlichen Glückwunsch

Ich gratuliere Ihnen zu Ihrem ersten Sieg, in ein neues Leben. Wenn Sie eine Veränderung möchten, Erfolg, Geld, Gesundheit, ist es in der Tat ein „Muss" das bisherige Leben neu zu positionieren. Wenn Sie weiterhin das tun, was Sie bisher getan haben, werden Sie die gleichen Ergebnisse erzielen. Dies ist eine altbekannte Weisheit, die leider die wenigsten Menschen kennen und deshalb nicht beachten.

Gleiches erzielt immer gleiche Resultate

Das ist eine unumstößliche Größenordnung, die sich nie verändern wird. Sie werden das ernten, was Sie gesät haben. „Dies ist das Naturgesetz von Aussaat und Ernte!" Wer immer das Gleiche sät, wird auch nur das Gleiche ernten. Das ist doch wunderbar leicht zu verstehen, hier liegt jedoch das Problem. Erfolg, genauso wie das ganze Leben, ist simpel aufgebaut. Aber wir Menschen haben verlernt, damit umzugehen. Wir haben angefangen, die Dinge unendlich kompliziert zu sehen und danach zu leben. Mit dem verheerenden Resultat, dass wir uns zusehends in die Misere verstricken.

Schreiben Sie Ihre drei Hauptverhaltensmuster auf

1.) _____

2.) _____

3.) _____

Jeder Mensch hat bestimmte Programme, Verhaltensmuster, die permanent ablaufen, sie sind zu einem Teil von uns geworden. Ein Beispiel meiner früheren Verhaltensmuster, gut 20 Jahre zurück, da habe ich mich über vieles geärgert und aufgeregt. Dieses Programm war nicht gut, daran gibt es nichts Positives zu erkennen. Im Gegenteil, es hat geschwächt und vor allem nichts an der Situation geändert, was noch viel schlimmer war. Also, war klar, dass ich dieses Programm zu meinem und zum Wohle meiner Mitmenschen ändern muss.

Was denken Sie, ist das Positive daran

1.) _____

2.) _____

3.) _____

Sie haben drei Punkte aufgeschrieben. Notieren Sie bitte zu jedem Punkt, was Sie Positives daran finden und wieso. Nehmen Sie sich genügend Zeit. Es geht nicht darum, das Buch an einem Abend schnell durchzulesen, sondern sukzessive zu erarbeiten.

Was denken Sie, ist das Negative daran

1.) _____

2.) _____

3.) _____

In der absolut klaren Analyse haben wir die Chance, die Möglichkeit es zu ändern und letztlich zum Erfolg zu führen, ausschließlich um das geht es.

Positive Abläufe sind zu wiederholen
Dies ist der Grund, wieso Erfolgreiche immer erfolgreicher wer-

den, weil sie die Abläufe Tag für Tag verfeinern. Sie haben sich zu Spezialisten des Erfolges emporgearbeitet, Ihnen kann buchstäblich nichts geschehen. Sie überlassen nichts dem Zufall und sprechen nicht von Glück, sondern von klaren Zielen, Strategien und deren Umsetzung.

„Ohne Wenn und Aber!"

Otto Normalbürger ist zu inkonsequent, macht sich um die Abläufe kaum Gedanken. Lebt vor sich hin, ist froh wenn Wochenende, oder Urlaub ist. Hasst den Montag, weil das Elend von vorne losgeht.

Negative Abläufe sind in positive umzuwandeln

Es gibt Abläufe, die sich einschleichen, oder deren man sich nicht im Klaren war. Genau diese sind die sogenannten Saboteure, die den Ablauf meist behindern. Erfolgreiche erkennen diese schnell und bauen in ihr Leben, die Veränderung mit ein. Erfolglose haben sich hingegen aufs Jammern spezialisiert. Sie treffen sich mit Verbündeten und lamentieren in der Runde, mit markanten Sprüchen, wie „Man müsste, man sollte und die und die sind schuld!" Aber so tut sich nichts, im Gegenteil, man gerät noch tiefer in den Sumpf hinein, aus dem es fast kein Entrinnen gibt.

Denke groß, mit positiven Gedanken und es läuft

Damit hat es wenig zu tun. Natürlich sollst du große und positive Gedanken hegen, doch ohne dass du dich in Bewegung setzt, wird es leider nichts. Das ist, was viele meist vergessen. Jetzt, wo Sie es jedoch bewusst wissen, ist es für Sie leichter, es umzusetzen und dran zu bleiben.

Nichts Esoterisches

Das hat mit Esoterik überhaupt nichts zu tun. Eine kleine Episode aus meinem Leben, mein großer Wunsch war damals, erfolgreich und reich zu werden, auch berühmt, eine interessante Geschichte. Ich war dann bei einem sogenannten Guru, denn mich hatte das damals angesprochen. Die Aufgabe war, ich musste meditieren. Das habe ich getan, aber es hatte sich dadurch leider nichts geändert, da bin ich erneut hingegangen.

Klar, der Fehler lag eindeutig bei mir. Ich hatte zu schwach meditiert. Das Ganze musste mit einer größeren Intensität geschehen und vor allem länger, gesagt, getan. Es vergingen wieder Monate, wo sich nichts getan hatte. Bis mich eines Tages ein älterer Herr fragte „Was machst du da?" „Ich bin am Meditieren!" „Wieso, warum?" „Damit sich all meine Wünsche erfüllen!" „Junge stehe auf, arbeite intensiv daran und dann wird es endlich klappen!"

Ich hatte es nicht sofort verstanden

Es schien simpel zu sein, einfach positiv, groß zu Meditieren und es läuft danach von alleine. In der Bibel findet man auch so eine interessante Stelle, wo es heißt

„Den Seinen gibt es der Herr im Schlaf!"

Ich war verzweifelt und fragte die Leute in meiner näheren Umgebung, da erhielt ich folgende Antwort

"Schuster bleib bei deinen Leisten!"

Genau das wollte ich nicht. Meine lieben Eltern hatten für mich damals als Beruf Zugschaffner oder Briefträger vorgesehen. Das entsprach aber überhaupt nicht meinen Vorstellungen und Zukunftsplänen.

Ich war verzweifelt

Sehr sogar, sollte alles wirklich ein unerfüllter Traum bleiben? Damit wollte ich mich nicht zufriedengeben. Mein Leben war mir zu wertvoll, um so zu leben, wie es anscheinend für mich vorgesehen war. Aber wer konnte mir hier helfen? Das war für mich die entscheidende Frage. Die Leute, die ich damals kannte, bestimmt nicht. Deren Hauptleben bestand aus

„Arbeiten" und „Jammern"

weil das Geld hinten und vorne nicht reichte, alles so ungerecht auf dieser Erde ist. Auf der einen Seite, die reichen Bonzen und auf der anderen die Armen, die für wenig, hart arbeiten müssen.

Ich beschäftigte mich intensiv mit dem Gedanken „Erfolg"

Eines war klar, was ich bisher gemacht hatte, führte mich nur zu den bereits bekannten Resultaten. Das wollte ich nicht mehr, denn es gab überhaupt keine einzige Veränderung. Wer konnte mir da helfen, alleine packte ich es nicht. Wenn man erst einmal anfängt, sich intensiv um die Gegebenheiten zu kümmern, klappt es auch, da hatte ich die klare Antwort. Doch nur die Erfolgreichen wissen, wie sie da hingekommen sind. Genau diese musste ich fragen, von denen konnte ich es lernen.

Mit diesem genialen Gedanken, wollte ich mich auf den Weg machen und teilte es meinen damaligen Bekannten mit. Die lachten mich aus und meinten „Du spinnst, keiner wird dir eine Antwort geben, die werden dich auslachen, du machst dich zum Gespött. Na dann mache es, wenn du dir unbedingt eine Abfuhr holen willst. Wenn alles so einfach wäre, wären wir alle erfolgreich!" Jetzt hatte ich mein Fett weg.

Ich war frohen Mutes

Jetzt war genau das Gegenteil der Fall. Ich hatte eine Idee, die schien mir sehr gut zu sein. Ich fragte in meiner Unsicherheit Leute, die keine Ahnung davon hatten und nun waren Zweifel gesät. Wie schade, aber das ist der normale Ablauf. Das habe ich erst später bemerkt. Zum guten Glück, war ich stur, und wenn jemand meinte „Das geht nicht!" oder „Das tut man nicht!" habe ich es erst recht getan. Ich ließ mich von niemandem aufhalten.

Wo fängt der Erfolgreiche an

Dies wurde für mich zur tragenden Frage. Ich erhielt auch die Antwort „Der Erfolgreiche fängt da an, wo der Erfolglose aufhört!" Anstatt die Flinte ins Korn zu werfen, war die Devise klar und deutlich, jetzt erst recht. Wer aufgibt, hat verloren, darüber in einem späteren Kapitel näheres.

Ich wollte es genau wissen

Was konnte mir schlimmstenfalls passieren? Dass mich die Erfolgreichen auslachen, was wäre daran schrecklich? Im Grunde genommen nichts.

„Wer nicht wagt, der nicht gewinnt!"

Eine klare Botschaft, die ich endlich verstanden hatte. Wer konnte mich aufhalten? Außer ich selbst keiner, das gab mir ein gutes und glückliches Gefühl.

Meine ersten Gehversuche

Ich überprüfte bis ins kleinste Detail, wer erfolgreich ist und machte mir einige Pläne. Als ich eine große Namensliste fertig hatte, machte ich einen Plan, wie ich die Leute kontaktieren werde. Ich wollte es besonders gut machen und jeden individuell ansprechen. Ich vergaß dabei anzufangen, war in die Falle der ewigen Planung hineingerutscht.

Ich wurde unsicher

Je länger das Ganze dauerte, desto unsicherer wurde ich und hatte immer weniger Lust. Leider wusste ich damals noch nichts von der sogenannten 0-Stunden-Regel. So vergingen etliche Monate und mein Leben wurde zusehends frustrierter, kein schönes Gefühl. Hinzu kamen meine Freunde, die mich auf den Arm nahmen. „Na du Erfolgreicher, weißt du endlich, wie es geht? Wie es ausschaut, bist du noch der Gleiche. Das haben wir doch gewusst. Wer nicht hören will, muss fühlen!" Ich war zornig auf diese Typen und fand es unmöglich, derart auf mir herumzuhacken.

Ich zog mich zum Wundenlecken zurück

Ich versank völlig vor lauter Selbstmitleid. Ach mein Gott, ging es mir schlecht, mein Leben war zerstört. So wollte ich nicht weitermachen. Ich hatte wunderschöne Träume und jetzt war weniger als nichts. Das sollte mein Leben sein? Kein sehr schönes und vor allem auch überhaupt nicht glücklich machendes Leben. Es vergingen wieder Monate.

Meine Träume ließen mich nicht los

Es hat mich gequält, ich träumte nachts davon, es wurde zur größten Belastung für mich. Ich suchte nach einem Ausweg und fing an, Bücher über Erfolg zu lesen. Ich war, je länger ich las, davon überzeugt, dass es mir helfen würde. Meine Zuversicht wuchs von Tag zu Tag. Ich verschlang viele Bücher und fühlte mich gestärkt. Ich spürte, bald wird mein großer Tag kommen, an dem ich zuschlage. Leider hat das wiederum Monate gekostet, das Warten und auf ein Wunder hoffen. Welch blöde Einstellung, denn alleine durch positives Denken und Bücher lesen, tut sich nichts.

Ich war frustriert

Ich war fest davon überzeugt, dass es auch bei mir funktionieren würde. Aber ich hatte erneut vergessen, endlich anzufangen. Ich war, wie die meisten Menschen, in der Warteposition und hoffte, dass es von selbst geschehen würde. Aber von nichts tut sich auch nichts. Ärmel hochkrempeln und loslegen, heißt die Devise, das hatte ich total vergessen.

Ich suchte nach Lösungen

Irgendwo musste es eine Lösung geben. Ich war fest davon überzeugt, wenn ich eine gute Idee habe, oder etwas erfinden würde, wäre alles erledigt. Nur was, war die große Frage. Ich dachte damals, wie viele Menschen, dass der richtige Augenblick kommen wird und dann geht auch bei mir die Post ab. Bis dahin muss ich eben genügend Geduld haben.

Da gibt es das schöne Sprichwort „Geduld bringt Rosen!" Aber ich war einer der ganz Ungeduldigen. Also „In der Ruhe liegt die Kraft!" Genau das war es „Lieber Ernst, du musst ruhiger und geduldiger werden, dann klappt es." Welch ein Blödsinn, ich wusste es damals nicht, sonst hätte ich mich nie auf so etwas eingelassen. Denn das Einzige, was dadurch kaputt ging, war meine kostbare Lebenszeit. Zum guten Glück bin ich aufgewacht, es sollte aber Jahre dauern. Jahre in der großen Hoffnung, dass sich von selbst etwas tun wird.

Ich hatte die Lösung „Seminare, Seminare, Seminare"

Genau das war mein Thema, besuche viele Schulungen, du wirst es lernen und sofort umsetzen. Also fing ich an, die ersten Seminare zu besuchen. In manchen fühlte ich mich wohl, andere fand ich furchtbar. Ich wusste jedoch eines, irgendwann kommt das für mich richtige Seminar und dann geht es los. Ich saß dort und ließ mich berieseln. Vieles war mir durch Bücher bekannt, anderes hielt ich für Blödsinn und manches fesselte mich. Ein ständiges Wechselbad der Gefühle.

So vergingen etliche Monate

Ich wurde zu einem richtigen Seminartouristen. Besuchte unendlich viele Seminare, vergaß dabei aber konsequent, die Spreu vom Weizen zu trennen. Die unwichtigen Dinge gleich zu eliminieren und die wichtigen umzusetzen. Das war auf der einen Seite ein schönes Gefühl, auf der anderen ein beängstigendes. Je mehr ich wusste, desto mehr merkte ich, dass ich noch nichts wusste, nicht meinen optimalen Weg gefunden habe, kein angenehmes Gefühl.

Ich vergaß eine lange Zeit anzufangen

Das war mein großes Problem, ich bin mir sicher, dass Sie diese Problematik kennen und sich in die Reihe von unglücklichen Versuchen einreihen können. Wenn Sie ehrlich sind, ansonsten tun Sie vielleicht auch das, was die meisten Menschen machen. Sie versuchen mehr zu scheinen, als sie in Wirklichkeit sind.

Wenn man nicht imstande ist, die Dinge sofort umzusetzen, sollte man wenigstens ehrlich sein, denn Selbsterkenntnis ist der erste und entscheidende Schritt, in die Veränderung. Im Laufe der Jahre hat sich eine wunderbare Erfolgsformel entwickelt, über die Sie im nächsten Kapitel lesen.

Die Erfolgsformel Z + P + T + K

Das ist die Erfolgsformel, mit der es sich wesentlich leichter leben lässt und vor allem erfolgsorientierter, darum geht es in erster Linie. Wenn nicht jetzt, wann dann bitte? Sicherlich haben Sie diese Erfolgsformel schon angewendet, entweder unbewusst, wie die meisten, oder Sie kennen diese bereits.

Anwenden ist das Thema

Wenden Sie diese an, sonst nützt es nichts, das ist das leidige Problem. Wir wissen oft sehr viel, anwenden tun wir es leider kaum, dadurch verändert sich natürlich nichts. Ich gehe davon aus, dass Sie gewillt sind, in Ihr Leben Änderungen einzuführen. Tun Sie es und Sie werden glücklicher durchs Leben schreiten. Wir werden jetzt im Schnelldurchgang, die einzelnen Buchstaben anschauen, denn ich habe jedem Buchstaben ein extra Kapitel gewidmet. Diese sind zu wichtig, um sie schnell zu überfliegen.

Z steht für Ziele

Wer nicht weiß wohin, wird nirgendwo ankommen. Leider gehen die meisten so durchs Leben. Darauf angesprochen kommt der Spruch „Denn erstens kommt es anders als man denkt!" Aus diesem Grunde macht es keinen Sinn zu planen. Das ist fatal, mit dieser Einstellung sein Leben zu gestalten, denn dadurch passiert nichts. Ein Leben auf Zufällen aufzubauen, ist nicht gesund.

P steht für Planung

Planung, als ein dringlicher Aspekt. Jedoch nicht ein halbes Leben lang, man kann die Dinge auch zerplanen. Hier gilt es besonders aufzupassen, dass man nicht in die Planungsfalle läuft. Gut geplant ist halb gewonnen, jedoch bitte in einem zügigen Tempo, um möglichst schnell Ergebnisse zu erzielen.

T steht für Tun

Tun, tun und nochmals tun. Nicht warten, dass sich die Dinge von selbst erledigen werden. Denken Sie an mein Leben, da können Sie noch so positiv denken und hoffen, es wird zur reinsten Farce und das ist traurig. Wenn Sie nicht wissen, wohin die Reise geht, planen Sie zügig, setzen Sie es sofort um und warten Sie nicht auf irgendetwas.

K steht für Kontrolle

Die meist gehassten Leute in einer großen Firma sind die Kontroller. Es sind die Leute, die den Finger in die Wunde legen, genau aufpassen, wo Ungereimtheiten auftauchen und diese werden lückenlos aufgedeckt. Nichts wird dem Zufall überlassen, genau das ist auch ihre Aufgabe. Nur mit dem Unterschied, dass Sie alles in einer Person sind. Das macht es etwas schwieriger, ist jedoch zu bewältigen.

Viel Spaß bei der Anwendung

Ich wünsche Ihnen im Vorfeld Spaß und Freude, bei der täglichen Anwendung. Nein, sogar weitreichender, nämlich stündlich. Gehen Sie Ihre Aufgaben offensiv an, seien Sie beseelt von dem Gedanken, Ihre Ziele zu erreichen und darüber hinaus noch mehr. Denken Sie an Spitzensportler, mit welchem Kampfgeist diese auf ihr Ziel zu arbeiten, ohne einmal mentale Schwäche zu zeigen, nach rechts oder nach links zu schauen.

Ihre ZIELE, um die geht es

Jetzt arbeiten wir intensiv an Ihren Zielen. Ohne einen klaren Überblick zu besitzen, wohin die Reise gehen soll, werden Sie nie ankommen. Sie sind wie eine kleine Nussschale, auf dem großen Ozean, ein Spielball der Wellen und völlig ausgeliefert. Ich denke solche Dinge haben wir hinter uns. Ab sofort arbeiten wir nie mehr nach dem Zufallsprinzip, klare Fakten zählen und das war es.

Ziele müssen folgende Eigenschaften aufweisen

Sie müssen absolut klar, konkret, messbar und unmissverständlich sein. Je präziser Sie Ihre Ziele formulieren, desto besser kann geplant werden. Ungenaue Ziele ergeben eine ungenaue Planung, damit ist alles im Vorfeld zum Scheitern verurteilt.

Sie buchen eine Reise und wissen nicht, wohin und wie lange

Können Sie sich das vorstellen? Kein normaler Mensch würde das machen, oder? Wenn jemand ins Reisebüro geht, hat er bereits grundsätzliche Überlegungen getätigt. Er weiß, wie lange die Reise dauern soll und wohin es geht. Denn es ist ein Unterschied, ob Sie ans Meer möchten, oder lieber in die Berge. Dadurch kann gezielt eine Feinabstimmung getätigt werden.

Schreiben Sie Ihre Ziele auf

Bitte, bei dieser Arbeit ohne Einschränkungen arbeiten. Nicht im Vorfeld sich Gedanken machen, was gehen wird und was nicht. Das spielt in diesem Moment überhaupt keine Rolle. Es ist völlig uninteressant, es geht in erster Linie um die Sammlung, der genauen Fakten.

1.) _____

2.) _____

3.) _____

4.) _____

5.) _____

6.) _____

7.) _____

8.) _____

9.) _____

10.) _____

Prüfen Sie sofort, ob Ihre Ziele wirklich klar, konkret, messbar und unmissverständlich sind, sonst nützt es nichts.

Solche Aussagen wie „Ich hätte gerne genügend Geld!" führt genau zu dem Dilemma, dass Sie immer nur genügend Geld besitzen werden. Und wie viel ist genügend? Genau genügend und das ist leider zu wenig. Hier sind wir sofort bei den sogenannten, selbst erfüllenden Prophezeiungen.

Wie muss es lauten

„Ich habe ab 1.1.2012 monatlich € 10.000,- zur freien Verfügung!" Oder „Ich bin in zehn Jahren, am 1.1.2022 Millionär. Ich habe bis dahin eine Million Euro zur Verfügung!" Das ist absolut klar, konkret, messbar und unmissverständlich. Merken Sie etwas? Im ersten Fall sind es € 10.000,- und nicht € 5.000,-, oder sonst irgendeine beliebige Summe.

Legen Sie den Zeitfaktor fest

Das hat oberste Priorität, dass wir mit der Zeit arbeiten, denn leider passieren hier Fehler. Die meisten Menschen überschätzen total, was sie in kurzer Zeit erreichen können. Das heißt, die meisten glauben, in kurzer Zeit unendlich viel zu bewegen und weit zu kommen. Das ist die Nummer von „Ich bin nächstes Jahr Millionär!" Diese Wahrscheinlichkeit ist gering, außer Sie gehen zu Günther Jauch oder spielen Lotto. In der Regel ist es so, dass Sie nach einigen Jahren weniger als vorher haben. Im gleichen Atemzug unterschätzen die Menschen, was Sie über einen längeren Zeitraum erreichen können. Die wenigsten verfügen über genügend Durchhaltevermögen und geben zu früh auf.

Ein weiteres Beispiel, ein eigenes Haus

Vielleicht ist es Ihr Wunsch, ein Haus zu besitzen. Es ist wichtig zu wissen, wie groß das Haus sein soll? Eines mit vier oder eine Villa mit 20 Zimmern. Ebenso, wo das Haus stehen soll und es alles beinhalten muss? Wie viel Geld benötigen Sie dafür, bis Sie im Besitz Ihres Traumhauses sind?

Beispiel Auto

Es nützt nichts, sich ein Auto zu wünschen. Es ist ein immenser Unterschied, ob Sie sich von Fiat den kleinen 500er kaufen, oder den 600er von Mercedes. Hier haben wir einen Preisunterschied von fast € 150.000,-. Genauso kommt die Ausstattung hinzu. Was muss Ihr nächstes Auto alles beinhalten und bis wann werden Sie das Auto fahren?

Das ist völliger Blödsinn

Vielleicht denken Sie das jetzt und wissen Sie was? Sie haben aus Ihrer Sicht völlig recht. Ist das nicht wunderbar? Jeder sieht es aus seiner Sicht. Wenn Sie nicht daran glauben, dass man das Ganze unterbrechen kann, werden Sie nie die Dinge erreichen. Wichtig ist dabei, der Glaube an sich selbst und seine Fähigkeiten.

Überprüfen Sie bitte nochmals Ihre Auflistung

Machen Sie es sofort, arbeiten Sie erneut daran. Wenn Sie das erste Mal diese Arbeit machen, sind fast alle Punkte zu überarbeiten. So wünschen wir „Ich möchte gerne glücklich sein!" Dies kann leider nicht geplant werden, denn alles ist klar eine Folge der vorausgegangenen Taten. Glück ist letztlich das Endergebnis.

Ihre drei wichtigsten Ziele

Notieren Sie Ihre drei wichtigsten Ziele, der Reihenfolge nach. Was ist für Sie am Schlimmsten, wenn Sie es nicht erreichen? Was ist für Sie schrecklich? Was sind Ihre brennenden Wünsche und wofür sind Sie bildlich gesprochen, sogar bereit zu sterben?

1.) _____

2.) _____

3.) _____

Wie fühlt es sich für Sie an? Schlägt Ihr Herz höher, oder ist es Ihnen völlig gleichgültig? Wenn Sie keine Emotionen spüren, ist Ihr Wunsch zu gering und Ihre Ziele zu schwach. Wenn aber Ihr Herz höher schlägt und Sie leuchtende Augen bekommen, lohnt es sich auch, sich auf den Weg zu machen.

Weitere Detailausarbeitung

Nun haben wir Ihre drei wichtigsten Ziele eruiert. Das ist in der Regel ein großer Prozess und geschieht nicht von alleine. Außer, wenn Sie sich intensiv damit beschäftigen, ist es eine total andere Ausgangsbasis. Wenn Sie noch nicht soweit sind, überprüfen Sie es tagtäglich. Schließlich verwenden Sie für die Erreichung einen Teil Ihrer kostbaren Lebenszeit und da sollte es 100-prozentig passen. Ich denke, zu viel Zeit ist buchstäblich verplempert worden. Ab sofort gilt es klar, keine einzige Minute mehr zu verlieren.

Auch wenn manche meinen, das wäre zu streng und eng bemessen. Wenn Sie bedenken, wie schnell die Lebenszeit läuft, verstehen Sie es auch.

Ihren Lebenszeitkalkulator unter www.lebens-checklisten.de

Auf dieser Homepage geht es speziell um die Lebenszeit und Lebensziele, auf dem großen Weg in ein glückliches und harmonisches Leben. Es ist kein Geschenk des Himmels. Die Aufgabe für seinen Seelenfrieden und -harmonie zu sorgen, ist die Lebensaufgabe jedes Einzelnen. Tag für Tag gilt es daran zu arbeiten und stets zu überprüfen, ob man noch auf dem richtigen Weg ist. Die Ablenkungen sind riesig und wie schnell kommt man von seinem Lebensweg ab. Das ist jedes Mal schade, denn es kostet kostbare Lebensenergie.

Verzweifeln Sie nicht

Ich sehe, dass auf den Schulungen oft ein Großteil der Teilnehmer am Verzweifeln ist, wenn die Ziele nicht gefunden werden. Übung macht den Meister. Leider haben die Menschen es verlernt, auf ihre eigenen Bedürfnisse, Wünsche und Ziele Rücksicht zu nehmen. Stets im Dienste der anderen, sind sie von früh bis spät am „Machen und Tun!" Das Desaster kommt eines Tages zum Tragen. Die vielen Burnouts, die wir antreffen, sprechen eine deutliche Sprache und es werden täglich mehr. Ausgebrannt sein, weil man gegen sein Innerstes arbeitet. Jeder hat eine Berufung, aber viele kennen sie nicht. Permanent gegen den inneren Widerstand zu arbeiten, ist ungesund.

Detailausarbeitung Ihrer Ziele

Wenn Sie Ihre drei Hauptziele haben, geht es um die intensive Vertiefung derselben. Je genauer Sie ins Detail gehen, desto realer wird es und ist für Ihr Unterbewusstsein nachvollziehbar, um das geht es letztlich. Es muss zu einem festen Teil von Ihnen werden, dass Sie so tief darin involviert sind. Es überhaupt nichts anderes gibt, Sie bereits in der Vollendung leben. Haben Sie keine Zweifel, dass es Wirklichkeit ist, auch wenn sich das für Sie komisch anhören mag.

Ihr Ziel Nummer 1 _____

1.) _____

2.) _____

3.) _____

4.) _____

5.) _____

6.) _____

7.) _____

8.) _____

9.) _____

10.) _____

Schreiben Sie unbedingt jedes noch so kleinste Detail auf. Je präzieser Sie diese Aufgaben lösen, desto besser fühlen Sie sich danach. Wenn Sie Ihr Ziel nach der intensiven Ausarbeitung anschauen, welches Gefühl haben Sie?

Ihr Fazit: _____

Ihr Ziel Nummer 2 _____

    1.) _____

    2.) _____

    3.) _____

    4.) _____

    5.) _____

    6.) _____

    7.) _____

    8.) _____

    9.) _____

    10.) _____

Wie geht es Ihnen mit Ihrem zweiten Ziel? Fühlt es sich genauso gut an, wie bei Ihrem ersten Ziel? Oder spüren Sie vielleicht sogar eine gewisse Gleichgültigkeit? Wenn ja, dann überarbeiten Sie Ihr zweites Ziel erneut. Es muss eine große Spannung und Faszination darin liegen.

Ihr Fazit: _____

Ihr Ziel Nummer 3 _____

    1.) _____

2.) _____

3.) _____

4.) _____

5.) _____

6.) _____

7.) _____

8.) _____

9.) _____

10.) _____

Bei Ihrem Ziel Nummer drei, genau das gleiche Vorgehen. Wenn Sie vor lauter Freude und Spannung nicht mehr schlafen können, liegen Sie absolut goldrichtig. Sie sind auf dem Erfolgsweg, so sollte es doch sein.

Ihr Fazit: _____

Jetzt folgt die PLANUNG

Nachdem Sie wissen, wohin die Reise geht, erfolgt die Planung. Ohne diese, würde das Ganze meistens im Desaster enden. Genau das wollen wir keinesfalls. Wir haben Großes vor, sind davon beseelt und setzen alles daran, die Ziele zu erreichen, ohne „Wenn" und „Aber!" Es gibt für uns keine Alternative.

Sie benötigen einen festen Willen

Leider begreifen das viele überhaupt nicht. Sie gehen ins Rennen und wollen das Ganze ein wenig probieren, welch komische Einstellung. Mit probieren kommen wir nie und nimmer ans Ziel. Ich nehme gerne Michael Schuhmacher als Beispiel. Stellen Sie sich vor, er hätte probiert, ein wenig Autorennen zu fahren. Glauben Sie, er wäre jemals soweit gekommen? Bestimmt nicht, was war sein Gedanke?

„Sieg, Sieg, Sieg und nochmals Sieg!"

Für etwas anderes gab es in seinem Leben überhaupt keinen Platz, er war von Kopf bis Fuß auf Sieg programmiert.

Auf was sind Sie programmiert

Auf diese Frage höre ich häufig die Aussage „Kommt darauf an!" Wahnsinn, oder? Da wollen die Leute etwas erreichen, träumen von schönen Dingen und gehen halbschwanger an die Sache. Dies ist bereits im Vorfeld zum Scheitern verurteilt. Da braucht es nicht einmal mehr die „Verschieberitis!" Werden Sie sich darüber vollkommen bewusst, wofür Ihr Leben steht, was Ihre große Lebensaufgabe ist und wo Sie völlig darin aufgehen. Dann haben Sie gewonnen, es geht Ihnen leichter von der Hand, auch bei den berühmten Rückschlägen. Es geht nicht nur steil den Berg hoch, sondern auch runter.

Gut geplant ist halb gewonnen

Diese Aussage dürfte Ihnen bekannt sein. Planen Sie, planen Sie wirklich und schnell, gehen Sie in die Details. Danach folgt die Umsetzung, die wir im übernächsten Kapitel „Tun" anschauen. Zögern Sie keine einzige Sekunde mehr.

Sorgen Sie dafür, dass die Planung zügig abgeschlossen wird

Zügig durchzumarschieren und die Dinge exakt auf den Punkt zu bringen. Das Schlimmste, was man machen kann, ist zu lange zu warten. Warten macht durcheinander und krank. Hier müssen Sie gut auf sich aufpassen, damit Sie nicht in diese Falle hineinlaufen.

Die 0-Stunden-Regel

Ein elementares Naturgesetz, die 0-Stunden-Regel. Wie gut, wenn Sie diese kennen und wissen, wie man damit umgeht. Ansonsten haben Sie eines der Probleme, die durch die Missachtung dieser Regel entstehen. Ich behaupte, dass über 95% der Menschen da hineinlaufen. Auch ich durfte mich oft dazu zählen. Wenn ich nicht aufpasse, bin ich wieder dabei. Das passt voll in die „Verschieberitis!"

Was lange währt, wird endlich gut, ist falsch

Kennen Sie diesen netten Spruch auch? Volksweisheiten, die jedoch nicht permanent zur Anwendung gelangen sollten, weil Sie uns eher behindern, anstatt zu helfen. Genau mit diesem Spruch, warten die Menschen lieber ein Leben lang, auf dass sich die Dinge erledigen, aber sie tun es leider nicht. Danach ist der Frust riesig und es kommt der Moment, wo sie wie viele, in die Altersfalle laufen von „Wenn ich das alles gewusst hätte, hätte ich doch bloß!" Ich wiederhole das gerne, weil es traurig und fatal ist.

Unser Schulsystem ist nicht lebensgerecht

Einige Lehrer werden das jetzt sicherlich nicht gerade für gut heißen, das stört mich aber nicht, weil die Situation genau den Kern trifft. Die Schule könnte die Kinder zu lebensfähigen Menschen formen. Nur ist bei den meisten nirgendwo ein Platz vorhanden, das ist immens traurig und sogar fatal. Nun denn, schauen wir uns die Schule einmal kurz an. Wo lernen die Kinder die Erfolgsmechanismen, für ein erfolgreiches Leben? Sind Lehrer die richtigen Coachs dafür?

Ich glaube eher nicht, sie sind selbst lange in die Schule gegangen und vermitteln eines Tages das Erlernte an die Schüler. Wo ist da der eigene große Erfolg? Wo sind die Macher, die Kinder faszinieren können? Ihnen Visionen mitgeben und zeigen, wie man dahin gelangt. Ich bin meinen Lehrern dankbar, dass sie mir Rechnen, Lesen und Schreiben beigebracht haben. Aber was so manch andere Fächer mir bringen sollten, dies habe ich leider bis zum heutigen Tage nicht verstanden. Kleine Kostprobe, wie wichtig es für mich und mein Leben ist, alle Schweizer Pässe zu kennen, mit den jeweiligen Orten und der Passhöhe? Ich weiß es nicht, damit habe ich noch kein Geld verdienen können.

Tue das nicht, tue jenes nicht

Kennen Sie solche Spielchen? Bestimmt kamen Sie auch in den Genuss, sei es in der Schule oder im Elternhaus gewesen. Wie viele Gebote und Verbote uns schon begleitet haben. Wo bleibt dabei die Motivation und Inspiration? Von wegen „Du schaffst das, bist ein großartiger Mensch. Alles, was du tust, ist von Erfolg gekrönt!" Wie hört sich das für Sie an? Doch ganz anders, oder? Mit einem Haufen von Verboten sind noch nie große Dinge entstanden und bewegt worden.

Zweifel und Angst sind Hemmschuhe

Je länger es mit der Planung dauert, desto mehr Zweifel und Ängste steigen in uns auf. Strotzendes Selbstbewusstsein ist den wenigsten gegeben, oder muss erarbeitet werden. Es ist schade, wenn zu lange gewartet wird, denn es wird in der Regel immer schlimmer, bis gar nichts mehr läuft.

Falsche Berater

Man fragt seinen Partner, die Eltern, beste Freunde oder sonstige Personen. Was werden die für eine Antwort geben? „Pass auf, das ist alles nicht so einfach" und weitere negative Aussagen. Mehr darüber im Kapitel Polei oder Nelei.

„Just do it" ist das Thema

Das Thema ist klar „Just do it!" Tue es! Nicht warten, sondern tun.

Genau da klemmt es bei den meisten Personen. Das Thema ist wirklich leicht. Anstatt anzufangen, wartet man darauf, dass sich vielleicht noch etwas Besonderes ergeben könnte. Es wäre schon schön, wenn sich manches von alleine und ohne unser Zutun erledigen würde. Aber darauf warten die meisten, ein ganzes Leben lang vergeblich.

Auf was wollen Sie warten

Vertiefen wir es nochmals, worauf wollen Sie warten? Bei dieser Frage höre ich oft, dass es die Leute nicht wissen. Das ist nicht lustig, wenn man um die Dinge nicht Bescheid weiß. So sollte es nie und nimmer sein. Ich muss zu jeder Zeit genau wissen, wieso ich manche Dinge tue und andere nicht. Die eigene Position zu kennen, schafft Souveränität und die benötigt es dringend.

Perfektionismus ist krank

Vielleicht leiden Sie ebenfalls unter der schweren Krankheit, die sich „Perfektionismus" nennt? Viele wollen perfekt sein, was ist schon perfekt? Es gibt in unserem Leben einen Moment, wo wir es sein werden, nach unserem Ableben. Vorher sind wir weit davon entfernt. Das ist nicht tragisch, wenn wir es wissen und endlich danach leben. Gerne wird es als Ausrede benutzt, als sogenannte Alibigeschichte, wieso man gerade etwas nicht tut, weil eben noch manches fehlt, nicht perfekt ist. Hören Sie mit dem Blödsinn auf. Auch wenn wir so erzogen worden sind, unser System auf langjährige Ausbildung aufgebaut ist, müssen Sie es deswegen nicht ein Leben lang weiterführen. Siehe hierzu mein Buch „Perfektionismus macht krank."

Denken Sie daran, Ihr Leben ist nicht unendlich

Schon wieder eine Wiederholung, aber darin liegt bekanntlich die Kraft. Schließlich kamen wir ja über Jahrzehnte lang in den Genuss, von so manchem Schwachsinn, den man uns immer und immer heruntergebetet hat. Nun erleben Sie durch mich die Manipulation im positiven Bereich. Unser Leben ist gezählt, folglich heißt es Vollgas geben. Die Dinge zu erledigen, die unbedingt erforderlich sind, um zu einer Meisterleistung zu gelangen.

Holen Sie sich einen Vollprofi als Coach

Wenn Sie nicht alles alleine können, ist dies überhaupt nicht tragisch. Dafür gibt es Experten auf dem Markt, die sich auskennen und Sie zum Erfolg führen. Es ist wesentlich einfacher, als die Leute glauben. Vor allem effizient und letztlich geht es genau darum. Wir werden am Ende des Buches intensiv darüber sprechen.

Ohne TUN haben Sie keine Chance

Im letzten Kapitel haben wir uns intensiv, um das schnelle Umsetzen gekümmert. Das kleine Wörtchen „Tun" hat es enorm in sich und ist leider, dass am meist vernachlässigte. Viele Menschen gelangen nie und nimmer über die Planungsphase hinaus. Kennen Sie das Phänomen? Wenn ich da an mich denke, was wollte ich nicht schon alles sein, haben und tun. Wie viel ist daraus geworden? Natürlich habe ich einiges geschafft, es könnte jedoch viel mehr sein, wenn ich nicht geschlafen hätte. Vor lauter Planen habe ich leider vergessen, anzufangen. Nun denn, so ist es eben und es gibt in der Tat keinen Sinn, rückwärts zu schauen. Dadurch würden wir uns genau jetzt, in diesem Augenblick die Gegenwart zerstören. Was vorbei ist, ist vorbei und wird nie wiederkommen. Folglich müssen wir uns darüber keine Gedanken machen. Wichtiger ist es, nach vorne zu schauen und aufzupassen, dass wir in einigen Jahren nicht wieder sagen „Hätte ich doch damals nur!"

Sich regen, bringt Segen

Für mich eine wunderschöne Aussage, mit unendlichem Inhalt. Noch schöner als „Ohne Fleiß keinen Preis!" Leider ist in unserem Vollkasko-Zeitalter etliches untergegangen. Es gibt nach allen Seiten und Bereichen zigfache Absicherungen, das ist nicht gesund. Immer mehr Menschen verlassen sich auf das System. Dass dieses schon beinahe Bankrott ist, begreifen leider die wenigsten Leute. Ich bin gespannt, wie lange das noch funktionieren wird. Ist es nicht sinnvoller, sein Leben in die eigenen Hände zu nehmen und daraus eine Meisterleistung zu machen? Ich finde, die Herausforderung ist bereits ein großer Traum.

T steht für Tag

Der erste Buchstabe steht klar für den Tag. Morgens, wenn Sie aufwachen, muss Ihr erster Gedanke, sofort an Ihre Ziele und Visionen sein. Wenn Sie jedoch mit dem Gedanken, wie die meisten wach werden „Schon wieder ist die Nacht vorbei, ich muss zur Arbeit und habe keine Lust" haben Sie dringend Handlungsbedarf. So sollte man sein Leben nicht verbringen, das ist keine gute Ausgangsbasis. Freude und nochmals Freude sollte es sein, dann fängt der Tag gut an und Sie haben die richtige Einstellung dazu.

Wach sein, bevor der Wecker klingelt

Stellen Sie sich vor, Sie liegen in Ihrem Bett, wachen sehr früh auf und sagen

> **„Wieso klingelt der Wecker noch nicht,**
> **ich würde gerne aufstehen!"**

Können Sie sich das vorstellen? Ist das nicht traumhaft und wie sieht es meistens aus? Doch genau das Gegenteil ist der Fall, ein Lamentieren und ein unsanftes geweckt werden.

Verlieren Sie den Tag über nie Ihr Ziel aus den Augen

Wenn Sie Ihr Ziel aus den Augen verlieren, sind Sie buchstäblich verloren und das ist traurig. „Ich bin ein wertvoller Mensch" sagen Sie sich das permanent. Glauben Sie fest daran, auch wenn man versucht hat, Ihnen das Gegenteil zu erzählen, dies ist uninteressant. Haben Sie eine hohe Meinung von sich. Es ist das große Lebenselixier, welches Sie auf Ihrem Lebensweg weiterbringt.

N steht für Nacht

Der letzte Buchstabe des Wörtchen „TUN," das N steht für die Nacht. Ihr letzter Gedanke, bevor Sie ins Bett gehen, ist an Ihr Ziel gerichtet. Sie sind davon beseelt, glauben fest daran und lassen sich nicht Bange machen. Unabhängig davon, was Sie den lieben langen Tag erlebt haben, ob schöne oder weniger schöne Dinge.

Genauso, wie Sie sich abends, bevor Sie ins Bett gehen waschen, betreiben Sie auch Gedanken- und Seelenhygiene. Ein nicht zu vergessender Akt, denn wenn Sie das nicht tun, werden Sie mit all Ihren negativen Assoziationen und Problemen ins Bett gehen. Wie Ihre Nacht wird, kennen Sie zur Genüge. Die Probleme werden Sie belasten und Ihr Schlaf ist nicht erholsam und aufbauend. Am nächsten Tag wachen Sie gerädert auf und entsprechend gehen Sie in den Tag hinein, noch einen Hauch schlechter. Wie die darauf folgende Nacht wird, erübrigt sich zu definieren.

Ihr letzter Gedanke vor dem Schlafen ist Ihr Ziel

Auf diesen Input höre ich oft „Ja, das ist ja alles gut und recht, aber wenn ich Probleme habe, was soll ich da machen?" Vom Problem in die Lösung. Manches lässt sich sofort lösen, für andere Dinge braucht es ein wenig länger. Wer sich ausschließlich um Probleme kümmert, gießt und düngt diese förmlich. Dadurch kommt es zu einer weiteren Verstärkung, anstatt zur Lösung.

Symbolisch gesehen, schlagen Sie einen Nagel in den Türrahmen. Abends, bevor Sie Ihr Schlafzimmer betreten, hängen Sie Ihren Rucksack mit den Problemen an den Nagel und sagen sich „Macht euch keine Sorgen, ich hole euch morgen früh wieder ab!" Vielleicht denken Sie nun, welch ein Blödsinn. Bevor Sie etwas verurteilen, tun Sie es zwei Monate lang und erst dann können Sie sich ein Urteil erlauben. Dadurch erhalten Sie die Chance, in eine neue Dimension hineinzugelangen.

Rückwärts gelesen heißt das Wort tun „Nut"

Das bedeutet „Nicht unnötig trödeln!" Wobei wir wieder mitten beim Thema wären. Die Zeit des Trödelns sollten Sie für alle Zeiten ablegen und auch nie mehr einen Gedanken daran verschwenden, denn vom nichts tun, ändert sich nichts. Da hat das schönste Denken und Wünschen keinen Sinn.

Wie lange ist zu tun

Genauso lange, bis Sie es geschafft haben. Das heißt, nie sich auf den Lorbeeren auszuruhen, sondern die nächstgrößeren Aufgaben suchen und intensiv daran arbeiten. So geht es ein Leben lang weiter. Sie werden ein Projekt nach dem anderen erfolgreich abschließen. Gehören zu den Machern auf dieser Erde, denen nichts zu viel und zu schwer ist. Sie wissen genau, dass Sie sich blind auf sich verlassen können, sind sich der beste Freund. Das gibt die nötige Kraft und Power.

KONTROLLE, als tägliche Aufgabe

Nachdem die Ziele feststehen, die Pläne zügig umgesetzt und sofort gestartet wurde, gehören Sie zu den großen Ausnahmen, die es überhaupt soweit gebracht haben. Sie können stolz auf sich sein. Nun beginnt eines der schwierigsten Kapitel, die Kontrolle. Für viele ist diese völlig unbekannt und gehört dennoch wie die anderen Positionen zum Programm dazu, um zu garantieren, dass Sie ankommen werden.

Wer nicht weiß, wo er sich befindet, ist verloren

Stellen Sie sich vor, Sie fliegen über den großen Teich, in die USA. Sie schauen aus dem Fenster und sehen seit Stunden nur Wasser unter sich. Da ertönt eine Lautsprecherdurchsage „Meine sehr verehrten Damen und Herren, hier spricht ihr Kapitän. Wir haben im Moment ein kleines Problem. Wir wissen nicht, wo wir sind, machen sie sich bitte keine Sorgen. Wir arbeiten fieberhaft an dem Problem!" Was werden Sie denken? Witzig, oder?

Sie wollten doch schon immer ein wenig Spaß haben. Nach einer weiteren Stunde „Hier nochmals ihr Kapitän. Es tut uns leid, wir wissen leider noch nicht, wo wir sind und unser Sprit reicht gerade noch für zehn Minuten. Keine Panik, wir werden gleich eine Notlandung vornehmen. Das ist kein Problem, wir haben das schon oft am Simulator geübt. Bis später, ihr Kapitän!" Sie lehnen sich zurück und sagen, kein Problem. Merken Sie etwas? Das Gegenteil wäre der Fall, Sie würden über die Piloten schimpfen und diese als große Dilettanten bezeichnen.

Kennen Sie Ihre Position genau

Wissen Sie, wo Sie in Ihrem Leben stehen? Wissen Sie exakt, wo Ihre Reise hingeht? Wenn ja, herzlichen Glückwunsch. Sie gehören zu den rühmlichen Ausnahmen. Wenn nein, wird es höchste Zeit. Sie dürfen nichts mehr dem Zufall überlassen, alles muss klar, konkret, messbar und unmissverständlich sein. Dadurch haben Sie überhaupt das Zeug zu einem Gewinner. Dass was die Menschen sich erzählen, von wegen „Man müsste halt mal Glück haben und Ähnliches," entspricht der Fantasie von Menschen, die gerne ohne zu tun, Erfolg haben möchten.

Position als feststehende Größenordnung

Es ist und bleibt eine feststehende Größe, die unumstößlich ist. Ich hoffe und in dem Fall kann ich nur hoffen, dass Sie dieses Prinzip verstehen und sich zu eigen machen. Ohne ständige Kontrolle läuft nichts. Überwachung ist das A und O, in Ihrem Leben.

Schriftliche Kontrolle

Machen Sie es stets schriftlich, dadurch behalten Sie den Überblick und sehen die Fortschritte. Bei diesem Thema ist nicht die Frage, was Ihnen Ihr Gefühl sagt, sondern ausschließlich die Fakten zählen. Gewöhnen Sie sich die Schriftlichkeit an. Es gibt nichts Schöneres, als immer nachlesen zu können. So sehen Sie jederzeit Ihren Fort- oder Rückschritt, können Änderungen vornehmen.

Tragen Sie es in Ihre Agenda ein

Tragen Sie Ihre Kontrolle in Ihren Timer ein, dadurch geht nichts verloren. Da Sie im Normalfall täglich nachsehen, sind Sie permanent auf dem Laufenden. Spätestens abends gilt es die Veränderungen, den Fortschritt zu überprüfen, denn Sie wollen weg von der „Verschieberitis," und dies für alle Zeiten. Alles, was Sie an Ihrem Weiterkommen hindert, muss sofort eliminiert werden.

Ende der Woche folgt die große Kontrolle

Je nachdem, wie Sie eingestellt sind, machen Sie die Kontrolle am Freitag, Samstag, oder eventuell am Sonntag. Es hängt davon ab, an wie vielen Tagen Sie in der Woche, an Ihrem neuen Leben arbeiten möchten. Da sich in unseren Breitengraden die 5-Tage-Woche etabliert hat, möchten es die meisten auch dabei belassen. Ich finde dieses System nicht so gut. Denn die Gefahr, dass man an den zwei anderen Tagen, durch die Macht der Gewohnheit wieder in das alte System zurückfällt, ist relativ groß. Genau das, gilt es auf alle Fälle zu vermeiden. Für mich persönlich hat sich das 7-Tage-System, am besten bewährt. Dadurch bin ich jeden Tag dabei und kann unverzüglich Korrekturen vornehmen. Finden Sie Ihr System, leben und handeln Sie danach. Wenn Sie merken, dass es nicht optimal ist, ändern Sie es, warten Sie nicht zu lange.

Schreiben Sie auf, was sich alles bewegt hat

Halten Sie minutiös fest, was sich alles verändert hat. Jeder kleine Fortschritt ist es wert, festgehalten zu werden. Eine große Reise beginnt immer mit vielen kleinen Schritten und eines Tages ist man angekommen. Danach überprüfen Sie, ob das Ganze im Soll liegt, oder ob für die nächste Woche, etliche Korrekturen vorgenommen werden müssen.

Monatliche Überprüfung

Sie müssen nach Abschluss eines Monats genau hinschauen. Es sind in der Regel 30 bis 31 Tage à 24 Stunden, wo Sie richtig viel bewegen konnten. Ein Monat ist nie zu unterschätzen. Hier sollten Sie unbedingt ein paar Stunden reservieren und den nächsten Monat, entsprechend den Erkenntnissen und Erfordernissen, vorbereiten und fixieren.

Klausurtagung einmal im Jahr

Einmal im Jahr ziehen Sie sich für mindestens drei Tage zurück und gehen in Klausur. Die Überprüfung des alten Jahres mit all dem, was miserabel, gut, sehr gut und herausragend war. Die einzelnen Mechanismen zu lernen, mit diesen Erkenntnissen und Inputs, das neue Jahr durchzuplanen. Wir führen für unsere Kunden immer Anfang des Jahres, die zur Tradition gewordene Jahresklausurtagung durch.

Die Teilnehmer sind mit riesiger Begeisterung dabei und der Erfolg gibt ihnen recht. Sie schaffen dadurch mehr, als man mit ein paar frommen Vorsätzen, mit denen man ins nächste Jahr getreten ist. Diese Klausurtagung ist nicht an einen bestimmten Ort gebunden. Man kann diese an einem traumhaften Ort, auf einer Kreuzfahrt, in einem Kloster, auf einer einsamen Berghütte usw. durchführen. Hauptsache, Sie nehmen sich einmal im Jahr aus dem Alltagsgeschehen heraus.

Belohnung, als feste Größe

Etwas zu tun, ist wunderbar. Erfolge festzuhalten ist schön, aber was ist mit der Belohnung? Das ist zum Schluss die letzte Stolperstelle. Belohnung, in diesem Wort ist der Lohn enthalten. Es ist etwas Besonderes, Außergewöhnliches und ein Ansporn für Sie, Ihren eingeschlagenen Weg beizubehalten. Sehen Sie das bitte nicht als reine Selbstverständlichkeit an.

Belohnung, als Krönung

Sich nach einer guten Tat zu belohnen, ist die Krönung. Nicht weiterleben, als wäre nichts Besonderes gewesen, sondern innehalten und sich etwas Schönes, mit bleibendem Wert oder Erinnerung gönnen. Etwas, was Sie nicht vergessen, denn Sie haben schließlich unendlich viel geleistet.

Welche Belohnung

Diese Frage bekommen wir oft gestellt. Es sollte nichts Alltägliches sein. Genauso taucht die Frage auf

„Wie oft sollte man sich belohnen?"

„Man" ist nicht die korrekte Aussage, denn es geht um Sie. Das bedeutet „Wie oft sollte „ich" mich belohnen?" Mindestens einmal im Monat.

Magic Moment

Schön sind die „Magic Moments" Dinge, die man nicht von der Stange kaufen kann. Wie es das Wort sagt, einen magischen Moment. Magisch heißt, faszinierend und zugleich fesselnd. Wenn Sie keine Ideen haben, besuchen Sie uns auf unserer Homepage www.magic-moments24.de. Wenn Ihnen dies nicht ausreicht, kontaktieren Sie uns.

Geteilte Freude ist doppelte Freude

Schön ist, wenn man die Freude mit anderen Menschen teilen kann. Das ist ein besonderer Moment, den man nicht vergisst. Das Leben ist, Sie kennen es bereits, zu kurz um solch schöne Momente nicht festzuhalten. Mit lieben Menschen ein paar Fotos zu machen, oder sogar einen Film als Erinnerung. Eines Tages bleibt leider nur die Erinnerung übrig.

Materiell oder immateriell

Diese Frage bekomme ich häufig gestellt. Meine Meinung ist, wechseln Sie einfach. Belohnen Sie sich mit Dingen, an denen Sie lange, oder noch besser ein Leben lang Freude haben. Das Ganze verknüpft mit der Erinnerung, an Ihre besondere Leistung. Belohnung ist klar, ein großer Ansporn. Vernachlässigen Sie es bitte nicht, nach dem Motto

„Ach, ich muss mich doch nicht belohnen!"

Das ist aber das Thema, Sie sind wichtig, sind das Allerwichtigste und sollten liebevoll mit sich umgehen.

Kosten

„Was dies kostet!" Ein purer Schwachsinn, es muss nicht viel kosten. Wenn Sie anfangen, an sich selbst zu sparen, wird es sehr bedenklich. Komisch, sich zu belohnen, da tun sich die Menschen unendlich schwer. Täglich eine Schachtel Zigaretten zu rauchen, kostet auch ein Vermögen, oder einen Latte Macchiato zu trinken.

Angst vor dem Gewohnheitseffekt

Lassen Sie es nie soweit kommen. „Gewohnheit ist der Tod der Lebensfreude!" Prägen Sie sich diesen Satz tief ein. Sorgen Sie unbedingt dafür, dass Sie nie dahin gelangen. Jeder Tag ist ein besonderer Tag, es gilt ihm die Lebensfreude abzugewinnen und eine Meisterleistung, auf dem Weg zu Ihren Zielen zu vollbringen.

Seien Sie sich gegenüber lieb und aufmerksam

Wie manche mit sich umgehen, finde ich eine reine Katastrophe, und sich noch selbst beschimpfen. Jedem Fremden würde man das verbieten, sich selbst gegenüber, scheinen alle Schranken gefallen zu sein. Der Respekt ist völlig verloren gegangen. Also, zurück zu einem liebevollen Umgang mit sich selbst. Sie werden dadurch eine wesentlich höhere Lebensqualität Ihr eigen nennen. Nicht heute oder morgen, aber im Laufe der Monate, wird es zur feststehenden Größe.

Vermeiden Sie die Frustfalle

Da gilt es besonders aufzupassen, denn irgendwann multipliziert sich das Frustphänomen. Solche Dinge gehen schnell und hinterlassen ein Chaos, dies gilt es unbedingt zu vermeiden. Sicherlich haben Sie es schon bemerkt, dass es permanent dieselben Fallen sind, in die Sie hineinlaufen.

Die Macht der Gewohnheiten

Es ist wie verhext, die Gewohnheiten steuern uns so stark, dass wir es fast nicht merken. Fatal, wenn solche Mechanismen von uns überhand nehmen und absolut erfolgsverhindernd wirken. Das ist ärgerlich, kostet unendliche Lebenszeit und hinterlässt, wenn man es bemerkt hat, Frust. Das frisst die aktuelle Energie, das heißt, man fühlt sich dadurch in der Gegenwart nicht besonders wohl und ärgert sich häufig, das nützt aber nichts.

Welches sind Ihre Frustfallen

Sicherlich gehören Sie auch zu denen, die sich darüber noch nie Gedanken gemacht haben. Wie heißt es so schön „Gefahr erkannt, Gefahr gebannt!" Genau darum geht es letztlich, wir müssen wirklich nicht fortlaufend die gleichen Fehler machen, dazu ist unser Leben zu wertvoll und reich.

Schreiben Sie Ihre Positionen auf

1.) _____

2.) _____

3.) _____

4.) _____

5.) _____

6.) _____

7.) _____

8.) _____

9.) _____

10.) _____

Wie fühlt es sich für Sie an? Als ich das zum ersten Mal gemacht habe, hatte ich ein eigenartiges, gemischtes Gefühl. Erstens wegen den Lappalien, in die ich mich meist hineinmanövriert habe. Zweitens wegen meiner eigenen Unfähigkeit, die Sachlage nicht früher erkannt zu haben.

Ihr Fazit daraus: _____

Wie gehen Sie damit um

Neue Erkenntnisse gewonnen zu haben, ist eine Geschichte, damit umzugehen, ist aber eine andere. Denn nur angewandtes Wissen führt zum Erfolg. Sonst bleibt alles beim Alten und das haben wir bereits gehabt. Manche Dinge muss man nie mehr wiederholen, wozu auch?

Wieso laufen Sie häufig in diese Frustfallen

Für alles gibt es bestimmte Gründe. Viele meinen, es wäre reiner Zufall oder Schicksal, davon möchte ich jedoch Abstand nehmen, denn das wäre nicht richtig. Genauso möchte ich mich von solchen Aussagen, wie „Es ist halt so!" distanzieren. So können wir uns als erwachsene Menschen nicht durchs Leben bewegen. Schreiben Sie zu jedem einzelnen Punkt auf, wieso das so ist und es immer wieder passiert.

1.) _____

2.) _____

3.) _____

4.) _____

5.) _____

6.) _____

7.) _____

8.) _____

9.) _____

10.) _____

Falls Sie es noch nicht erledigt haben, tun Sie es bitte sofort, bevor Sie weiterlesen. Es geht um ein klares Verstehen, der einzelnen Abläufe und in erster Linie darum, dass Sie sich besser kennenlernen. Sie sind eindeutig, das Maß der Dinge und niemand anderes. „Sein oder nicht Sein" das ist die große Frage.

Fazit Ihrer Ausarbeitung: _____

Welche Bilanz ziehen Sie für sich daraus
Was haben Sie klar für sich erkennen können? Welche Parameter

führen Sie permanent in das gleiche Dilemma? Das Leben ist per se einfach und gut strukturiert aufgebaut. Das, was gut ist, wird wiederholt und was schlecht für Sie ist, wird genauso schriftlich festgehalten und für alle Zeiten eliminiert. Es gibt wahrhaftig keinen Sinn, die lebenszerstörenden Abläufe weiter zu verfolgen, das würde nur ein Narr machen.

Wie können Sie die einzelnen Dinge eliminieren

Der erste Schritt des Aufschreibens ist vollbracht, ebenso die Analyse. In der dritten Stufe geht es um die gänzliche Eliminierung, dass es nie mehr soweit kommt. Ballast abwerfen, ist das Thema. Je weniger Ballast Sie mit sich herumschleppen, desto leichter geht es Ihnen. Schreiben Sie zu jedem Punkt die Endlösung auf.

1.) _____

2.) _____

3.) _____

4.) _____

5.) _____

6.) _____

7.) _____

8.) _____

9.) _____

10.) _____

Wie fühlen Sie sich dabei? Geht es Ihnen besser, fühlen Sie sich leichter? Oder beschleicht Sie eine Angst, nach dem Motto von „Das kann man fast nicht machen, so einfach ist das nicht!" Dann sei Ihnen eines gesagt „Ja, Sie können, Sie können wirklich, denn es ist Ihr Leben und das kostbarste, was Sie haben." Also tun Sie es, ohne „Wenn und Aber!"

Ihr Fazit: _____

Erkennen Sie den berühmten, roten Faden

Wie bei allem im Leben, steckt ein klares System dahinter. Es ist ein Profil zu erkennen, der sogenannte Schlüssel genannt. Vielleicht haben Sie ihn bereits entdeckt, wenn nicht, werden Sie ihn spätestens bei diesem Durchgang kennenlernen. Der Schlüssel erleichtert Ihnen in Zukunft, souverän über den Dingen zu stehen und nie mehr in die Falle zu laufen.

Notieren Sie Ihre drei wichtigsten Erkenntnisse und Wege

Sie haben sich insgesamt dreißig Mal intensiv, um die Situation gekümmert. Das können wir jedoch unmöglich alles erfassen und präsent haben. Aus diesem Grunde reduzieren Sie es auf drei Positionen. Was sind die drei Hauptfaktoren, die es oft zu solchen Störungen kommen lassen?

1.) _____

2.) _____

3.) _____

Ist Ihnen einiges bewusst geworden? Wenn nein, lesen Sie es nochmals. Zwischendurch lassen Sie es auf sich wirken. Nicht sofort kommt eine Erkenntnis, Ihr Unterbewusstsein benötigt zeitweise etwas länger, das ist aber kein Problem. Sie gehen Ihrem normalen Tagesgeschäft nach und werden die Botschaft der Erkenntnis erhalten. Genau aus dem Grund ist es wichtig, in solchen Situationen nicht sofort weiter zu lesen. Das Buch ist ein Prozess- und nicht ein Schnelllese-Werk.

Ihr Abschluss-Fazit

Durch die Reduktion auf drei Positionen konnten Sie Wesentliches daraus für sich ableiten, jetzt geht es zum Finale. Was ist aus der Arbeit Ihre dringlichste Erkenntnis? Es bleibt noch ein einziger Punkt übrig. Es ist Ihre Denk- und Handlungsweise, die bisher immer wieder zu dem Desaster geführt hat. Schreiben Sie es bitte auf und speichern es auf Ihrer Festplatte, wie ein sogenanntes Antiviren-Programm. Wenn Sie in alte Muster verfallen, läuft es ab und schützt Sie vor Ungemach.

1.) _____

Niemals warten

Das Buch handelt von der „Verschieberitis" oder warten, warten und nochmals warten. Warten darauf, dass sich vieles wandelt, besser wird, oder auf den richtigen Moment. Ich gehe davon aus, dass es Ihnen immer bewusster wird, in welchem destruktiven System Sie sich befunden haben. Anstatt lebensbejahend und –fordernd, bewegen Sie sich bis dato genau in die entgegengesetzte Richtung. Schade, sogar sehr schade für Sie. Diese Zeiten sind aber endgültig vorbei, wenn Sie mitmachen und bereit sind, Ihr altes Leben für alle Zeiten zu verlassen.

Ich warte nie mehr

Wiederholen Sie diesen Satz permanent. Wie ein Mantra prägt es sich in Ihr Unterbewusstsein ein, Sie können nicht anders. Es wird zu Ihrer Stärke, Sie sind ein Macher, nicht ein Unterlasser, dazwischen liegen Welten. Es bringt Sie ab sofort schneller voran.

Ein Gewinner wartet nie

Denken Sie daran, ein Gewinner hat keine Zeit zu warten. Wozu auch? Was bringt es, zu warten? Ich nehme hier gerne das Bild eines Landwirts, der wartet, bevor er die Saat aufs Feld bringt. Eines Tages ist es zu spät und es nützt ihm nichts mehr. Gewinner sind schnell im Handeln und bereuen dies auch nicht. Sie hinterfragen nicht tausendmal, ob das gut gewesen ist oder nicht, denn sie sind bereits erneut am Säen.

Arbeiten Sie täglich an Ihrem neuen Leben

Klare Botschaft, täglich am eigenen Leben zu arbeiten. „Wer nicht täglich sät, wird nicht täglich ernten!" Ich finde diese Aussage inhaltsreich. Das Leben ist eine höchst aktive Angelegenheit und in täglicher Veränderung. Das, was eben noch gut ist, kann in der nächsten Stunde bereits überholt sein. Also, warum sollen wir uns darüber Gedanken machen.

Seien Sie diszipliniert

Disziplin ist erforderlich, um voranzukommen. Es ist keine Frage, der Lust oder Unlust. Es sind bestimmte Abläufe zu beachten, damit es vorangeht und in den Sieg mündet. Sieg und Gewinn, als oberstes Prinzip des menschlichen Lebens. Entwicklung, Entwicklung und nochmals Entwicklung.

Arbeiten Sie mit System und absoluter Konsequenz

Das System bekommen Sie von uns an die Hand. Wer ohne System arbeitet und alles auf das Prinzip „Versuch und Irrtum!" aufbaut, bringt es in seinem Leben nicht weit. Wenn Sie noch die eigene Konsequenz dazu nehmen, führt es zwangsläufig zum Erfolg. Das heißt, Sie können es überhaupt nicht verhindern und es läuft buchstäblich von alleine.

Sie sind ein Gewinner

Das sollten Sie sich vor Augen halten. Sie sind ein echter Gewinner und das von Beginn an, das ist den wenigsten Menschen bewusst. Viele befinden sich völlig im Unklaren, leider besinnen sich nur wenige auf ihren tatsächlichen Wert. Es würde Frust, Neid, Missgunst und Hass vermeiden, wenn jeder sich voll auf seine Fähigkeiten konzentrieren würde. Das Problem ist leider, anstatt sich auf die positiven Dinge zu konzentrieren, wird lieber auf dem Negativen herumgehackt, das ist fatal und zerstörend.

Wenn man Ihnen das Gegenteil gesagt hat
Sie sind dennoch ein Gewinner und lassen Sie sich das bitte von niemandem streitig machen. Es ist nicht die Frage, was die anderen denken und meinen, es geht ausschließlich um Sie. Haben Sie bitte eine hohe Meinung von sich, dies ist für Ihr Leben von großer Wichtigkeit. Leider gibt es viel zu viele negative Menschen und diese versuchen, mit teilweise großer Vehemenz, ihr negatives Programm ohne Skrupel, oder sonstige Hemmungen über andere auszubreiten.

Sie haben damals eines der härtesten Rennen gewonnen
Daran sollten Sie öfters denken, Sie sind ein großer Gewinner. Sie haben das wichtigste Rennen, Ihres Lebens gewonnen. Sie alleine, ohne irgendeine Hilfe. Kein Mensch hat Ihnen gesagt, was Sie zu tun und zu lassen haben. Sie wussten, was Ihr Endziel war und dafür haben Sie gekämpft. Nicht für einen Sekundenbruchteil haben Sie ans Aufgeben gedacht. Für Sie gab es nur Sieg oder Sterben! Genau diesen Kämpfergeist gilt es wieder zu wecken, denn Sie wissen, wie es geht. Es ist für Sie nichts Neues, müssen das nicht mehr lernen. Folglich haben Sie einen unschätzbaren Vorteil.

Erinnern Sie sich an Ihren größten Sieg

Wenn nein, lassen Sie es uns gemeinsam anschauen. Es gab einmal eine Zeit in Ihrem Leben, das ist schon sehr lange her, da lagen Sie irgendwo richtig gemütlich. Es war warm und bequem, so dösten Sie vor sich hin, plötzlich kam alles in Bewegung. All die anderen, die bei Ihnen waren, wurden zusehends nervöser. Man spürte eine große Spannung in der Luft und wusste, gleich passiert irgendetwas. Es gab einen Knall, Sie wurden hinauskatapultiert. Ihnen war halb schwindlig und Sie wussten eines „Du musst jetzt um dein Leben rennen, sonst stirbst du!"

Das war die Botschaft, Sie sind gerannt wie ein Verrückter, waren beseelt und besessen davon, als Sieger ins Ziel einzulaufen. Sie schauten vor sich und mussten feststellen, dass vor Ihnen Millionen andere sind. Dann blickten Sie zurück und bemerkten, dass Sie noch von Abermillionen verfolgt wurden. Es hat Sie nicht gestört, Sie haben den Turbo eingeschaltet und sind noch schneller gerannt, überholten einen nach dem anderen. Nicht eine einzige Sekunde dachten Sie daran aufzugeben, oder das alles keinen Sinn gibt. Genau das war die richtige Siegermentalität und Sie haben gewonnen. Sie sind als Erster ins Ziel eingelaufen und haben es sich sofort gemütlich gemacht.

Diese Geschichte finde ich unheimlich spannend

Ich erzähle diese auf den Seminaren, Schulungen und Coachings, wenn die Menschen hadern und meinen, dass alles so schwer ist, sie überhaupt nicht für die vielen Aufgaben geeignet wären. Manche verstehen die Geschichte gleich, andere müssen erst darüber nachdenken. Ich hoffe, Ihnen ist bewusst geworden, was für ein toller Siegertyp Sie sind. Sie haben das Rennen gegen Millionen andere gewonnen, sonst wären Sie heute nicht unter uns.

Sie können es wiederholen

Ich hoffe, Sie begreifen es und tun dies nicht als Blödsinn ab, wie ich das oft erlebe. Darauf erwidere ich stets „Sie halten dies für völligen Blödsinn? Nun denn, wenn das Ihre Meinung ist, ist es auch gut." Klare Ansage und damit hat es sich. Kein Bekehren wollen, nach der Methode „Ach komm, so schlimm ist es doch nicht." Jeder, der denken kann, kann machen, was er will. Das ist unsere wunderbare und großartige, menschliche Freiheit. Jeder ist buchstäblich seines Glückes Schmied. Das fängt immer mit der eigenen, geistigen Einstellung an.

Sie benötigen ein großes Ziel

Was den meisten Menschen völlig fehlt, ist ein Ziel, eine Vision, für die es sich lohnt, aufzustehen und Tag für Tag intensiv bis zur Erfüllung daran zu arbeiten. Wenn das Ziel ist, jeden Tag wegen der Kohle arbeiten zu gehen, werden Sie nicht glücklich, denn Arbeiten gehen ist kein Ziel. Geld verdienen ist das Abfallprodukt, welches aus der Aktivität entsteht. Wenn es zu wenig ist, wie bei vielen, liegt ein Fehler im System vor. „Es können doch nicht alle so viel verdienen!" Erstens behauptet das keiner und zweitens geht es nicht um die anderen, sondern ausschließlich um Sie.

Niemand kann Sie aufhalten

Außer Sie selbst, ist das nicht wunderbar? Wir glauben, von vielen Dingen abhängig zu sein und hoffen, wenn das, dies und jenes geregelt ist, dann...! Alles Blödsinn, nur Sie sind das Maß der Dinge. Es fängt und hört alles in Ihrem Kopf an und auf. Was haben Sie für eine mentale Einstellung? Gehören Sie zu den 98% der Jammerer, Zauderer und Abbrecher? Genau aus diesem Grunde passen Sie gut auf Ihr Gedankengut auf. Wie Sie damit umgehen, denn Gedanken haben die Eigenschaft, sich zu manifestieren.

Sie geben nie, nie, nie auf

Ein elementarer Punkt, geben Sie nie, nie, nie, niemals auf, das ist die berühmte Rede von Winston Churchill. Denn wer aufgibt, hat verloren. Es ist nicht lustig, als Verlierer herumzulaufen. Dies hinterlässt ein ungutes Gefühl und ist nicht erstrebenswert. Das Gefühl eines Siegers, ist ein anderes. Vielleicht sind Sie in Ihrem Leben schon in den Genuss gekommen, denn an Ihren ersten Sieg, daran kann sich kaum einer erinnern. Also wollen wir ein wenig später anfangen. Wo hatten Sie noch dieses gigantische Siegergefühl? Notieren Sie es bitte.

1.) _____

2.) _____

3.) _____

4.) _____

5.) _____

6.) _____

7.) _____

8.) _____

9.) _____

10.) _____

Vielleicht ist dies eine Ihrer schwersten Aufgaben, die Sie bisher hatten. Sagen Sie nicht gleich „Hatte ich nicht!" Jeder Mensch hat schon solche Momente, in seinem Leben erlebt. Das Problem dabei ist, dass das Negative überwiegt. Und da wir uns intensiv in solch einem Milieu bewegen, geraten positive Aspekte und Momente in Vergessenheit. Das ist tragisch und Sie sollten es sofort ändern. Gehen Sie nochmals in Gedanken, Ihr bisheriges Leben durch und schreiben Sie die Momente auf, die Sie alle erleben durften.

Was ist Ihr Fazit: _____

Denken Sie niemals ans Aufgeben

Sicherlich fragen Sie sich jetzt, woher ich das schon wieder weiß? Ganz einfach, wenn man Menschen mag und als Erfolgproduzent tätig ist, kennt man das Denk- und Struktursystem der Menschen. Also, bitte nicht aufgeben und verschieben, denn genau aus diesem Grunde, haben Sie doch dieses Buch gekauft und bis zu dieser Stelle gelesen. Oder wollen Sie, dass alles umsonst gewesen ist? Bitte nein, nie und nimmer! Sie werden auch diese Aufgabe lösen. Sie wissen es aus Ihrem bisherigen Leben, Aufgaben, die nicht gelöst werden, kommen wie ein Bumerang zurück. Manchmal in anderer Form, Sie werden sie aber nicht los. Also machen Sie es lieber freiwillig. Alles, was einmal schwer war, wird leicht. Dies aber nur, wenn es auch getan wird.

Wieso hatten Sie diese Glücksgefühle

Ich gehe davon aus, Sie haben sich darum gekümmert und alle zehn Punkte ausgefüllt. Mögen die Dinge noch so klein und nichtig, aus Ihrer heutigen Sicht erscheinen. Damals war es für Sie etwas Großes. Schreiben Sie bitte zu jedem einzelnen Punkt, wieso das so gewesen ist.

1.) _____

2.) _____

3.) _____

4.) _____

5.) _____

6.) _____

7.) _____

8.) _____

9.) _____

10.) _____

Super, dass Sie fleißig an die Sache gehen. Sehr gut, dass Sie sich nie wieder durch irgendwelche komischen, auftauchenden Gefühle von wegen „Das bringt doch alles nichts, was soll der Quatsch, bei mir ist alles anders!" und weiteren Absurditäten, aufhalten lassen. Sie wissen für sich, dass dies wichtig ist und Sie niemand aufhalten kann. Weder Sie noch all die anderen Spezialisten, die glauben explizit zu wissen, was für Sie gut ist.

Was ist Ihr Fazit: _____

Wie fühlen Sie sich

Ist Ihnen aufgefallen, wie oft ich Sie nach Ihrem Befinden frage? Vielleicht ja, vielleicht ist es Ihnen auch lästig. Klar, denn im Laufe eines Lebens bekommen wir beigebracht, dass nicht wir wichtig sind, sondern die anderen, das beginnt schon als kleines Kind. Dort hatten wir zum Glück noch den natürlichen Instinkt, des „Ich, Ich, Ich!" Bis die Erwachsenen angefangen haben, uns beizubringen, dass wir nicht das Wichtigste sind und es eine schlechte Tugend ist, so egoistisch zu sein. Irgendwann waren wir soweit und haben diesen Müll geglaubt. Genau jetzt und heute ist es Zeit, das abzustellen. Sie sind das Allerwichtigste in Ihrem Leben.

Ihre drei intensivsten Gefühlsmomente eines Siegers

Gefühle sind das stärkste, was einen Menschen bewegen kann.

Tief verankert im Unterbewusstsein, auch wenn manche sagen, dass man bei der Autopsie noch nie ein Gefühl, eine Seele oder den Geist gefunden hat, dies alles nicht stimmig ist. Nun, da kann jeder glauben, was er will. Wir überschätzen leider häufig unseren Verstand und glauben, alles im Griff zu haben, dem ist jedoch nicht so. Nehmen wir zum Beispiel die Raucher. Vom Verstand her ist es klar, dass Rauchen alles andere als gesund ist. Man ist sogar soweit gegangen, auf der Zigarettenschachtel zu vermerken, wie gefährlich und sogar tödlich das Ganze enden kann. Was nützt es? Nichts, weil das Gefühl wesentlich stärker ist. Es gibt noch viele solcher Beispiele. Schreiben Sie sofort Ihre drei intensivsten Momente auf.

1.) _____

2.) _____

3.) _____

Haben Sie gemerkt, dass bei dieser Arbeit die Emotion stärker zurückkehrt? Sie intensiver spüren und fühlen, genau das ist der Zweck dieser Übung. Wieder in diesen Urzustand des Siegers zurückzugelangen. Diese Gefühle aufleben und wahr werden lassen, denn das, was man einmal konnte, kann man stets wiederholen. Das erklärt auch das Phänomen, dass Erfolgreiche immer erfolgreicher werden. Sie sind im positiven Sinne süchtig nach diesem Gefühl. Es lässt ungeahnte Kräfte erwachen, die es unbedingt am Leben zu erhalten gilt.

Was ist Ihr stärkstes Gefühl

Wenn Sie Ihre drei Gefühle anschauen, welches ist das für Sie am stärksten und lässt Sie nicht mehr in Ruhe? Welches beseelt Sie so, dass Sie darin aufgehen? Ich höre schon die Aussage „Das ist aber nicht leicht!" Nun denn, eine Entscheidung zu treffen, ist reine Gewohnheitssache. Im Kapitel „Entscheidungen treffen" lesen Sie Näheres darüber, oder kaufen mein Buch „Trainiere dich, viel schneller zu entscheiden." Schreiben Sie Ihr stärkstes Gefühl auf.

1.) _____

Wieso ist das so? Was passiert im Moment in Ihnen? Welche Gedanken, Ideen und Empfindungen kommen hoch?

1.) _____

2.) _____

3.) _____

4.) _____

5.) _____

Was ist Ihr Fazit: _____

Vertiefen Sie dieses Gefühl jeden Tag

Machen Sie es sich zur Gewohnheit und vertiefen Sie das Gefühl jeden Tag mehrere Male. Die meisten machen dies leider nur mit ihren negativen Gefühlen. Verbinden Sie es mit einem Ritual, welches Sie öfters am Tag durchführen, wie z. B. Zähne putzen.

Trainieren Sie Tag für Tag

Training, Training, Training und nochmals Training. Für Sportler ist dies eine absolute Selbstverständlichkeit. Da wird überhaupt keine einzige Sekunde überlegt, ob dies einen Sinn ergibt oder nicht. Schon in jungen Jahren, ist für manche Sportarten alles durchorganisiert. Es gibt viele Trainer und entsprechend wird vorgegangen. Nur, was das eigene Leben angeht, die Erfolgsmechanismen, die werden leider kaum beachtet. Da glaubt man tatsächlich „Mal gelesen, mal gehört und es reicht für ein ganzes Leben." Welch ein Schwachsinn, um nicht zu sagen, eine Katastrophe.

Kein Meister fällt vom Himmel

Diesen Spruch kennen wir zur Genüge. Er wird meistens in einem negativen Kontext erwähnt und wir können ihn schon fast nicht mehr hören. Wenn wir es jedoch aus der ganzheitlichen, positiven Sicht anschauen, wissen wir, dass dem so ist. Nur, wer täglich permanent übt, kann einen Erfolg vorweisen.

Spitzensportler üben täglich viele Stunden

„Von nichts kommt nichts!" Eine altbekannte Weisheit, die für die meisten, so glauben diese zumindest, keine Relevanz hat. Fatal, denn wer etwas in seinem Leben erreichen möchte, muss mehr tun, es ist keine Frage der Lust. Für Spitzensportler ist es eine absolute Selbstverständlichkeit, dass sie jeden Tag üben, üben und nochmals üben. Ich nehme hier gerne die Fußballnationalmannschaft. Können diese Fußball spielen? Es sind die besten Spieler aus ganz Deutschland, die ausgewählt werden. Wieso müssen diese Leute täglich üben, obwohl sie dermaßen gut spielen können? Eigentlich ist es absurd, wenn jemand zu den Besten gehört und so eine Zeitverschwendung mitmacht. Sich noch von Trainern quälen und teilweise dumm anmachen lassen muss.

Künstler üben täglich

Nehmen wir als Beispiel Andre Rieu. Was denken Sie, kann dieser auf seiner Geige spielen? Jetzt gibt es natürlich bestimmt ein paar Spezialisten, die meinen „Nein!" Das sehe ich aber als Neid der Besitz-, Kreativitäts- und Erfolglosen. Unabhängig, ob man seine Musik mag oder nicht. Wir könnten auch einen anderen Künstler nehmen. Sie beherrschen das Thema, sonst wären Sie nie so erfolgreich geworden. Dies ist eine feststehende Tatsache und zugleich unumstößlich. Die Künstler üben viele Stunden täglich, obwohl Sie bereits zu den Besten gehören.

Manager üben täglich

Im gleichen Stil sind Top-Manager unterwegs. Es ist sicherlich kein Geschenk des Himmels, soweit zu kommen. Dies erfordert tägliches Training, um überhaupt jemals dahin zu gelangen. Auch sie haben einen Trainer, oder neudeutsch „Coach" genannt. Diese Arbeit ist oft nicht angenehm. Es bringt jedoch enorm viel, gefordert und gefördert zu werden. Genauso wie beim Sportler oder Künstler, der seinen Trainer hat.

Sie kennen das Naturgesetz „Benutze es, oder verliere es"

Für mich eines der berühmten Naturgesetze „Benutze es, oder verliere es!" Dazwischen gibt es nichts. Wer eine Meisterleistung vollbringen will, muss meisterlich leben. Stets ein wenig mehr, als die anderen. Immer in der Verfeinerung und Umsetzung, der Formel von KVP. Kontinuierlicher Verbesserungs-Prozess ist das Thema, Tag für Tag an der Verfeinerung zu arbeiten.

Otto Normalbürger meint „Einmal reicht"

Diese Meinung hat die große und breite Masse, ohne hier zu verurteilen. Frage ist

„Was willst du in und aus deinem Leben machen?"

Genau danach richtet sich das Engagement. Leider ist es weit verbreitet, wenn man einmal etwas gelernt hat, es für alle ewigen Zeiten reicht.

Hören Sie nicht auf die Besserwisser

Für Sie die Botschaft „Hören Sie nie auf Besserwisser." Bevor Sie in Zukunft nochmals hinhören, muss Ihre erste Frage lauten „Was hat derjenige in seinem Leben geleistet, hat er vorzuweisen? Was hat er bewegt, welche Erfolge zeichnen ihn aus?" Wenn die Parameter stimmen, dürfen Sie gerne hinhören, ansonsten lassen Sie es lieber. Wissen Sie, was das Fatale ist? Menschen, die viel in Ihrem Leben bewegt haben, gehen damit nicht hausieren und versuchen die anderen zu manipulieren. Wenn Sie das nicht glauben, überprüfen Sie es.

Gehen Sie mit offenen Augen durchs Leben

Werden Sie zum ungläubigen Thomas. Wenn Ihnen jemand etwas sagt, überprüfen Sie es vorher. Sie werden dadurch wesentlich klarer durchs Leben gehen. Denken Sie daran, das Thema für unendlich viele Menschen ist, den anderen zum eigenen Wohl zu manipulieren. Diese Form können Sie durch die gesamte Menschengeschichte verfolgen. Nur dumme, kleine und devote Menschen, kann man manipulieren.

Wenn ich da an meine Situation, vor meiner Heirat denke. Ich bin zum Pfarrer gegangen und wir mussten mehrere Gespräche führen. Ziemlich bald kam die große Frage, nach welcher Religion die Kinder erzogen werden. Für mich war klar, nach der Religion der Mutter. Welche Schande da über mich hereinbrach. Dass ich nicht gleich aus der guten Stube hinausgeflogen bin, war ein Wunder. Der Herr Seelsorger kümmerte sich nicht um das Seelenheil von uns, sondern es ging ihm ausschließlich um seine Politik. Unglaublich, welche Klimmzüge absolviert wurden. Da ich jedoch schon damals eine eigene Meinung hatte, lehnte er es ab, mich zu trauen. Als meine Eltern das mitbekamen, fanden Sie mein Verhalten sehr despektierlich. Was diese auch deutlich zum Ausdruck brachten.

Bleiben Sie frei

Bleiben Sie frei, in Ihrem gesamten Fühlen, Denken und Handeln. Gehen Sie Ihren Weg und Sie werden enorm weiterkommen.

„Wer zur Quelle will, muss nach wie vor gegen den Strom schwimmen!"

Dieses Sprichwort wird ewig seine Gültigkeit behalten. Beherzigen Sie es und Sie werden in Freiheit Ihr Leben, wie es Ihnen vorschwebt, leben und genießen können.

Wer sind Ihre Freunde

„Zeige mir deine Freunde und ich sage dir, wer du bist!" Ein altbekannter Spruch, mit viel Tiefgang. Wer sind Ihre Freunde? Sicherlich fragen Sie sich, warum das wichtig ist? Sehr sogar, denn jeder Kontakt zu Menschen färbt ab, ob Sie dies wahrhaben wollen, oder nicht. Positiv wie negativ, nimmt es Einfluss auf Ihr Unterbewusstsein, denn dieses hat die große Begabung, alles zu speichern, ohne zu überprüfen, ob es für Sie gut oder schlecht ist.

Wie gehen Ihre Freunde durchs Leben

Sind es lebensbejahende Menschen, oder eher Kraft- und Nervensauger? Wie oft habe ich erlebt, dass sich manche von ihren Freunden buchstäblich benutzen lassen. Ich denke an die arme Freundin, die Pech mit ihren Männern hat und stets an den Falschen gerät. Das liebe lange Jahr wird darüber gejammert, vorwärts und rückwärts. Und die Freundin geht mit großem Engagement an die Sache heran, versucht ihr zu helfen und merkt überhaupt nicht, dass Hopfen und Malz verloren ist. Sich ihre gute Freundin, gerne in der Rolle des Opfers sonnt.

Sind diese eine Bereicherung für Sie

Freundschaften sollten in erster Linie eine wunderbare Bereicherung und Inspiration sein, sich Wohlfühlen lautet das Thema. Es muss so sein, dass Sie nach jedem Treffen oder einem Telefongespräch sagen können „Es war richtig super, hat mir gut getan und meinem Gegenüber auch." Dann passt es und macht Sie reich an Energie.

Kosten Zeit, Kraft und Energie

Auch solche gibt es zur Genüge. Sie sind verantwortlich für Ihren Energiehaushalt, niemand anders kann dies managen, als Sie. Hier heißt es besonders auf seinen Energiehaushalt aufpassen und mit ihm zu leben. Tragen Sie Sorge, dass Sie sich immer im Energieüberschuss bewegen und niemals in der Armut. Da entschwindet langsam aber sicher, jegliche Lebensfreude.

Schreiben Sie Ihre Freunde auf

Ohne zu zensieren oder lange zu überlegen. Notieren Sie einen Namen, nach dem anderen. Dadurch gewinnen Sie rasch einen Überblick. Wenn zu wenig Platz vorhanden sein sollte, schreiben Sie zwischen den Zeilen, z. B. nach der eins, eine 1a.

Ihre Freunde   **Wie ist es?**

1.) _____   _____

2.) _____   _____

3.) _____   _____

4.) _____   _____

5.) _____   _____

6.) _____   _____

7.) _____   _____

8.) _____   _____

9.) _____   _____

10.) _____   _____

Wie ist Ihr Empfinden? Im zweiten Feld schreiben Sie, ob es bereichernd, belastend oder Energie fressend ist. Für bereichernd machen Sie ein Plus- und für belastend ein Minuszeichen. Sicherlich sagen Sie sich nun „Das wechselt häufig!" Entscheidend ist, ob Minus oder Plus überwiegt, das wissen Sie, ohne die Thematik genauer zu eruieren.

Nehmen Sie die drei besten Freunde

Jetzt nehmen Sie die drei wichtigsten Personen. „Das ist aber nicht leicht!" höre ich häufig. Tun Sie es dennoch, kommen Sie zu einer Entscheidung. Sie werden die drei besten Freunde finden, die Ihnen arg am Herzen liegen.

Ihre Freunde   **Wie ist es?**

1.) _____   _____

2.) _____   _____

3.) _____   _____

Wie fühlt sich das für Sie an? Wie geht es Ihnen dabei? Wenn Sie noch ein wenig unsicher sind, überprüfen Sie, wie schlimm es wäre, wenn es diese Freunde nicht für Sie geben würde.

Wer ist Ihr wertvollster Freund

Zu guter Letzt schauen wir uns Ihren wertvollsten Freund an. Wer bedeutet Ihnen am meisten? Wer ist die größte Bereicherung in Ihrem Leben? Wer ist immer für Sie da?

1.) _____

Wie intensiv kümmern Sie sich um Ihren besten Freund

Überprüfen Sie, wie intensiv Sie sich wirklich um Ihren wertvollsten Freund, im Verhältnis zu all den anderen kümmern. Hier kommt meistens die Antwort „Sehr!" Bei näherem Betrachten relativiert sich das Ganze schnell. In der Regel ist es so, dass wir uns um den besten Freund, am wenigsten kümmern, dafür um all die anderen. Ändern Sie es, Freundschaften bestehen aus Geben und Nehmen. Sie sind für beide zwei Teile, als Wissender verantwortlich und damit tragen Sie eine große Verantwortung.

Wieso ist das alles wichtig

Weil es um Ihre wertvolle Lebenszeit geht. Sie haben klare Ziele und Visionen. Sie wissen, dass die Zeit auf Erden limitiert ist und eines Tages die Lebensuhr abläuft. Sie können sich nur mit einer Sache befassen. Es ist Ihre große Aufgabe Sorge zu tragen, dass Sie täglich an Ihrem Lebenswerk arbeiten und sich von niemandem aufhalten lassen, nicht einmal von sich selbst. Wenn Sie solche Energiefresser im eigenen Freundeskreis wähnen, wird das einen Teil Ihrer Lebenssubstanz in Beschlag nehmen.

Es wird Sie positiv oder negativ einfärben

Nehmen wir als Beispiel ein Gefäß mit klarem Quellwasser. Ein Tropfen blaue Tinte macht das Wasser innerhalb von kürzester Zeit trübe, Sie können es nicht verhindern. Es färbt sofort ab, genauso ist es mit den Grundstimmungen Ihrer Freunde. Darüber lesen Sie im nächsten Kapitel, von Nelei und Polei.

Ich habe mich von etlichen Freunden getrennt

Es war manchmal schmerzhaft und sogar belastend. Für mich waren es letztlich klare Entscheidungen. Wenn ich zum Beispiel meinen besten Freund, aus frühester Kindheit und Jugend nehme. Wir waren im Sandkasten, Kindergarten, Schule, Lehre, bei Ausgehtouren und Rendezvous, fast immer zusammen. Er hat eine völlig andere Richtung als ich eingeschlagen. Ich wurde Unternehmer und er Lehrer. Das war weiter nicht tragisch, wir konnten uns nach wie vor gut austauschen, hatten Spaß zusammen. Aber ich bemerkte bereits ein leichtes Auseinanderdriften. Er bewegte sich in einer anderen Welt, hatte andere Aufgabenstellungen und Lebensinhalte. Als eine Frau dazukam, die er heiratete, wurde es nochmals anders. Nach der Geburt des Kindes war es völlig vorbei. Ich freute mich sehr für ihn, aber ich persönlich hatte da nichts mehr zu suchen. Ich erinnere mich an den einen Abend, als ich zum Abendessen eingeladen war. Den ganzen Abend ging es um das Kind, wie toll und wie super es sei und überhaupt. Ich spürte förmlich, wie es mich Energie kostete und für mich war klar, dies war der letzte gemeinsame Abend. Mir ist meine Lebenszeit zu wertvoll, um sie dermaßen zu verbringen.

Jetzt denken Sie sicherlich, das ist zu krass

Dann fehlt Ihnen womöglich eine klare und große Lebensaufgabe oder -vision. Alternativ wissen Sie höchstwahrscheinlich nicht, was Sie sonst mit Ihren Abenden, Ihrer Zeit machen sollen. Bei Ihnen herrschen andere Lebensgesetze und Sie leben vielleicht doppelt so lange, wie andere Menschen. Ich kann nur für mich sprechen und fühle mich wohl, wenn ich abends für mich bin. Ich schreibe an meinen Büchern, gehe schön Essen, lese interessante und inspirierende Lektüre, komme gut mit mir selbst klar.

Gelangen Sie zu klaren Entscheidungen

Je mehr Sie sich daran gewöhnen, desto besser und leichter gehen Sie durchs Leben. In der Leichtigkeit des eigenen Seins, lässt sich mehr bewegen, dazu muss Ballast abgeworfen werden. Wenn Sie alles so lassen wie bisher, wird sich nichts ändern. Es ist die hohe Kunst des Loslassens, vor dem sich die Menschen fürchten.

Sind Sie Polei oder Nelei

Was sind Sie genau? Diese wunderschöne Abkürzung stammt von Pallas. Es gibt zwei Sorten von Menschen, entweder Polei oder Nelei. Was bedeuten diese Kürzel? Polei sind Menschen mit einer positiven und Nelei, mit einer negativen Lebenseinstellung.

Was für ein Typ sind Sie

Sind Sie Polei oder Nelei? Hier kommt unverzüglich die Antwort „Kommt darauf an!" Welch ein Blödsinn, auf was soll es ankommen? Hängt es womöglich vom Wetter ab, wie Sie gerade aufgestanden sind, oder von Ihren lieben Mitmenschen? Sind diese lieb und brav, geht es Ihnen gut oder umgekehrt.

Schreiben Sie auf, ob Sie Polei oder Nelei sind

Gehen wir in die Schriftlichkeit, das hat den Vorteil, dass Sie nachlesen können, wo Sie einmal standen und wohin es sich bewegt hat. Sich auf das Wesentliche zu konzentrieren, ist der Punkt, den es stets zu beachten gilt.

☐ **Ich bin Polei**

☐ **Ich bin Nelei**

Wieso sind Sie Polei, oder Nelei? Schreiben Sie bitte alle Punkte auf, die dazu führen, dass Sie so sind.

1.) _____

2.) _____

3.) _____

4.) _____

5.) _____

6.) _____

7.) _____

8.) _____

9.) _____

10.) _____

Wenn Sie das Ganze nochmals betrachten, wie fühlt es sich für Sie an? Geht es Ihnen gut, oder sträuben sich Ihnen eher die Nacken-haare? Zu wissen, was man ist, ist in der Tat interessant und vor allem inspirierend.

Was ist Ihr Fazit: _____

Gehören Sie zu der Mehrheit der Halbschwangeren

Die meisten gehören zu den sogenannten Halbschwangeren, von allem ein wenig, aber nichts Vernünftiges. Das ist schade, sogar fatal. Sie könnten in Ihrem Leben schon weiter sein, wenn Sie die Einstellung eines Polei-Menschen besitzen würden. Denn als Polei gehen Sie anders durchs Leben. Sie haben in der Tat eine positive Lebenseinstellung, dadurch wirken Sie auf Ihr Umfeld anders. Man freut sich mit Ihnen zusammen zu sein, ob privat oder im Ge-schäft. Sie verströmen Energie, Aufbruch, Inspiration und Zuver-sicht. Das krasse Gegenteil von einem Nelei-Menschen.

Entscheiden Sie sich

Das ist gar nicht leicht, höre ich dann. Es geht nicht darum, ob es

88

leicht oder schwer ist. Es geht ausschließlich um Ihre Entscheidung. Sie haben es in Ihrer Hand, zu welcher Gruppe Sie gehören möchten, können die Weichen stellen. Kein anderer hat die Macht und das Recht dazu, in Ihr Leben einzudringen. Tun Sie es, entscheiden Sie sich ab sofort, zu den absolut positiven Menschen zu gehören. „Komme was da wolle!" ist die klare Ansage, das andere haben wir bereits genug gehabt.

Hüten Sie sich vor negativen Menschen

Menschen, die viel bewegen, sehr erfolgreich sind, mit beiden Füßen im Leben stehen, haben überhaupt keine Zeit, täglich in Ihrer negativen Gedankenwelt zu baden. Sie müssen sich wirklich schützen, auch wenn das sich für viele komisch, oder vielleicht sogar negativ anhört. Je besser Sie sich schützen, desto besser geht es Ihnen und desto mehr Energie besitzen Sie.

Positive Menschen inspirieren und reißen mit

Das ist das Wunderbare an solchen Menschen. Da wird nicht über Probleme gesprochen, sondern von Störungen und deren Lösung. Negative Menschen machen aus einer Mücke buchstäblich einen Elefanten und sind sichtlich erstaunt, dass sie erneut zu den weniger Begünstigten auf dieser Erde gehören. Was natürlich ein vollkommen hausgemachter Blödsinn ist.

Wenn Sie Opposition spüren

Lassen Sie es zu, Sie müssen Ihr Leben leben. Das, was ich Ihnen empfehle, sind Inputs, die mir und anderen Menschen geholfen haben, leichter und erfolgreicher durchs Leben zu schreiten. Wenn Sie das nicht möchten, ist es Ihr gutes Recht. Genauso wie erfolgreich und glücklich zu leben. Es verlangt eine klare Entscheidung Ihrerseits, keine Entscheidung ist übrigens auch eine.

Hören Sie endlich auf zu jammern

Dies ist eine klare Botschaft, an all die unzähligen, leider in der

Überzahl jammernden Individuen. Die nichts anderes fertig bringen, als von früh bis spät zu klagen und zu lamentieren. Wenn Sie das näher interessiert, lesen Sie hierüber mein Buch „Höre endlich auf zu jammern."

Ich höre oft, dass ich gut reden habe

Dazu noch, dass ich halt Glück habe. Da muss ich herzhaft lachen. Wissen Sie, was der Unterschied ist zwischen mir und den Leuten, die solche Dinge behaupten? Ich kümmere mich intensiv um mein Leben und arbeite täglich an meiner Fort- und Weiterentwicklung. Wenn Probleme auftauchen, gehe ich sofort in die Lösung, um aktiv unterwegs zu sein und das eigene Leben zu gestalten. In meiner Kindheit hat man mir andere Dinge beigebracht, von wegen nicht auffallen, brav sein und sparen.

Aber von fast nichts zu sparen, haben Sie das schon einmal gemacht? Ich habe frühzeitig entschieden, dass ich ein anderes Leben führen möchte. Wie ich Ihnen bereits schon am Anfang des Buches erzählt habe, könnte ich heute viel weiter sein, wenn ich nicht permanent in diese „Verschieberitis-Falle" gelaufen wäre. Nun, als Polei denke ich nicht darüber nach, sondern achte darauf, dass es mir nie wieder passiert. Denn die Verlockungen und Ablenkungen sind überall vorhanden und warten nur darauf, in Beschlag genommen zu werden. Darum heißt es, äußerst wachsam durchs Leben zu gehen.

Das gesamte Leben ist Energie

Eine immens wichtige Botschaft für Sie. Die Frage für jeden ist, ob er sich im Energieüberschuss oder in der -armut bewegt, dazwischen gibt es nichts. Sie können entscheiden und danach wird es werden. Also, passen Sie gut auf sich auf, wie und wo Sie sich in Ihrem Leben bewegen. Das ist enorm wichtig, für Ihren neuen Lebensweg.

Entscheidungen treffen, für oder gegen

Entscheidungen zu treffen, ist für die meisten Menschen etwas Kompliziertes, um nicht zu sagen, sogar für viele unüberwindbar. Das ist schade, denn ohne Entscheidungen geht es im Leben nicht richtig voran. Wir drehen uns im Kreise und sind erstaunt, dass es andere gibt, die uns längstens überholt haben.

Was bedeutet es, eine Entscheidung zu fällen

Wie es das Wort ausdrückt, bedeutet es das Ende von einer Sache. Wir lassen uns davon scheiden, genau davor haben viele Menschen Angst. Die große und gespenstische Angst, vor der Veränderung. Eine Änderung, etwas anderes als bisher, oftmals sogar in eine völlig neue Welt eintauchend.

Angst lähmt

Angst ist das Schlimmste, das große Schreckensgespenst und engt uns extrem ein. Wir könnten schon viel weiter sein, wenn wir schneller Entscheidungen fällen würden und dabei die Angst dort lassen, wo sie hingehört. Ins Nichts, da ist sie am besten aufgehoben, das geht aber ohne Training nicht. Kleine Kinder sind unglaublich entscheidungsfreudig, was sie alles werden und haben wollen. Je älter ein Mensch wird, desto enger wird es und die Angst nimmt überhand.

Ich würde schon gerne

Wie oft haben Sie das gesagt, es ist ein geflügelter Satz. Anstatt zu wollen, ist es sinnvoller es zu tun, im „Hier und Jetzt" sofort und nicht zu warten. Kommen Sie immer zu einer schnellen Entscheidung und setzen Sie diese sofort um.

Keine Entscheidung zu fällen, ist bereits eine gefällt

Etliche sind tatsächlich der Meinung, wenn Sie keine Entscheidung treffen, dass sie glimpflich davon kommen. Das ist jedoch ein riesiger Trugschluss. Denn, wenn Sie keine Entscheidung fällen, haben Sie bereits eine getroffen. Schlimm, sollte diese nicht den Vorstellungen entsprechen. Bevor Sie sich in Zukunft vor einer Entscheidung drücken, fällen Sie lieber eine, dann sind Sie wenigstens auf der richtigen Seite.

Die Spaghetti-Entscheidung

Sie kennen bestimmt das Spaghetti-Phänomen. Sie gehen mit einer Gruppe Leute essen. Die Speisekarte kommt und diese wird von vorne bis hinten studiert. „Was isst du?" „Weiß ich nicht, und du?" „Weiß ich nicht, wir schauen Mal!" So geht es eine Zeit lang hin und her. Irgendwann kommt die Bedienung und eine Entscheidung ist fällig. Einer ist meistens darunter, der Spaghetti bestellt. Kaum ist das Essen da, geht es los „Ich hätte mir etwas anderes bestellen sollen!" Kennen Sie dieses Phänomen? Sicherlich, denn es ist stets das gleiche Spiel.

Wer hilft Ihnen

Solche Entscheidungsgeschichten hindern uns auf dem Weg zum Erfolg. Erfolgreiche zeichnet eines aus, sie sind unendlich entscheidungsfreudig. Wer genau weiß, wohin des Weges, weiß auch, was sinnvoll ist, zum Ziel führt und was davon wegführt. Darum müssen Erfolgreiche nie lange überlegen. Das sollten Sie zu Ihrer Lebensgeschichte machen. Schnelle und zukunftsorientierte Entscheidungen, ohne mit der Wimper zu zucken. Auf diese Aussage höre ich meist „Ja, da geht aber jegliche Spontaneität verloren, ich wäre doch eiskalt!" Welch ein Schwachsinn, den Menschen behaupten, die keinen Erfolg aufweisen können.

Training, Training, Training von der Wiege zur Bahre

Es ist wie immer im Leben, es geht um Training, Training und nochmals Training. Klare Aussage „Von der Wiege bis zur Bahre!" Das vergessen leider die meisten Menschen. Für viele sollte es eine kurze Geschichte sein und für alle ewigen Zeiten passen. Welch ein Trugschluss, denn bis Sie so weit waren, wie Sie jetzt sind, hat es viele Jahre, um nicht zu sagen, Jahrzehnte gedauert. Wieso sollte es nun innerhalb von wenigen Stunden oder Tagen funktionieren, machen Sie sich nichts vor. Bleiben Sie in der Ganzheit Ihrer kompletten Entwicklung und lassen Sie sich von niemandem beirren. Es ist Ihr Leben und dies ist nach wie vor das Kostbarste, was Sie besitzen.

Gewöhnen Sie sich daran

Eines Tages wird es für Sie zur völligen Selbstverständlichkeit, als hätte es nie etwas anderes gegeben. Es ist so normal, dass Sie darüber erstaunt sein werden. Alles, was am Anfang kompliziert schien, wird irgendwann einfach, von alleine aber bestimmt nicht. Darum nutzen Sie jede Möglichkeit, zu trainieren, es bringt Ihnen Freude und genau das benötigen Sie bei Veränderungen.

Ihre Lebensaufgabe

Wir haben uns intensiv um die Ziele gekümmert, Sie erinnern sich noch? Jetzt gehen wir einen Schritt weiter. Es geht nun um Ihre große Lebensaufgabe, Ihre Lebensvision. Die wenigsten Menschen haben eine eigene Lebensvision, das Leben, ohne ein großes Werk zu verbringen, ist schade. „Das ist nicht so einfach," ist die Aussage hierzu. Es ist eine riesige Katastrophe, dass die Menschen meist die gleichen Geschichten liefern, anstatt sich eine andere einfallen zu lassen. Das wäre wesentlich sinnvoller und lebensbejahender.

Schaffen Sie etwas Großes
Arbeiten Sie daran, ein großes Lebenswerk zu finden und sich unverzüglich an die Arbeit zu machen. Immer in Anbetracht der schwindenden Lebenszeit. In dem Moment, wo Sie Ihre Lebensvision gefunden haben, sind Sie leistungsfähiger. Sie bewegen sich effektiver und gelangen dadurch in andere Dimensionen hinein.

Ihr Lebenswerk, über den Tod hinaus
Ihr Lebenswerk muss so gigantisch sein, dass es über Ihren Tod hinaus Bestand hat. Erst dadurch ist es ein großes Werk. Wissen Sie, was das Problem der meisten Menschen ist? Wenn diese sterben, war es das, traurig aber wahr. Die Arbeitskraft geht verloren, nichts ist von Dauer und überlebt. Schade, denn in jedem Menschen steckt unendliches Potential. Dieses gilt es zu finden, und auch auszubauen.

Was könnte Ihre Lebensvision sein
Lassen Sie uns an die Arbeit gehen. Wir haben schon lange nichts mehr erarbeitet. Bevor Sie jetzt meinen, nichts zu finden, denken Sie an das berühmte Bibelzitat

„Wer suchet, der findet!"

Sie werden unverzüglich zu einer wunderbaren Lösung gelangen. Nach der erledigten Arbeit werden Sie glücklich und zufrieden sein. Genau das sind die wunderbaren Momente, im Leben jedes Menschen.

Was machen Sie am allerliebsten

Das ist die entscheidende Frage. Wo geht es Ihnen richtig gut, sind Sie im Flow? Bei welcher Tätigkeit verlieren Sie Zeit und Raum? Wo liegt Ihr Lieblingsbereich? Das ist der Bereich, wo alles von alleine läuft. Notieren Sie sofort alle Dinge, die Sie bereichern und Ihnen die Leichtigkeit des Seins präsentieren.

1.) _____

2.) _____

3.) _____

4.) _____

5.) _____

6.) _____

7.) _____

8.) _____

9.) _____

10.) _____

Wenn es nicht sofort funktioniert, schreiben Sie dennoch die Dinge auf, mögen sie Ihnen noch so banal erscheinen. Halten Sie wirklich alles fest, auch wenn es nebensächliche Sachen sind. Ihre Vorlieben, Hobbys, egal welcher Natur.

Ihr Fazit: _____

Sie sind ein Stück weiter

Genau das ist das Wunderbare, wenn man täglich an die Arbeit geht. Schritt für Schritt geht es auf der Erfolgsleiter höher. Haben Sie bemerkt, dass Sie niemand aufhalten kann? Das ist wunderbar, Sie alleine sind der Herrscher über Ihr Leben.

Was sind Ihre drei Lieblingsbereiche

Zuerst geht es um die Sammlung der gesamten Fakten, ohne groß zu überlegen. Wie heißt es treffend? Der erste Gedanke ist der beste, genau nach diesem Prinzip sollten Sie verfahren. Versuchen Sie möglichst nicht das Rad neu zu erfinden, denn in solchen Bereichen wird es Ihnen kaum gelingen. Folglich sprechen wir von vergebener Liebesmühe. Jetzt lassen Sie uns die drei wichtigsten Bereiche aufschreiben.

1.) _____

2.) _____

3.) _____

Wenn Sie es überprüfen, schlägt Ihr Herz höher? Oder kommt überhaupt kein Gefühl auf? Ohne Empfindungen ist es schlecht und traurig. Schauen wir uns dieses Phänomen gleich an.

Ihr Fazit: _____

Es muss Sie aufwühlen und nicht mehr schlafen lassen

Wenn Sie da hingelangen, liegen Sie richtig. Es muss von Ihnen

Besitz ergreifen, dass Ihr Herz anfängt, schneller zu schlagen, Sie feuchte Hände bekommen, unruhig werden und es nicht erwarten können, endlich anzufangen. Nachts müssen Sie davon träumen, aufwachen und gleich wieder mit dem Traum einschlafen. Wenn Sie dies spüren, liegen Sie hundertprozentig richtig, sind beseelt von Ihrem Vorhaben.

Arbeiten Sie permanent an Ihrem Lebenswerk

Achten Sie besonders darauf, dass Sie nie glauben, das alles normal ist und für alle Zeiten geregelt. Ein Lebenswerk ist, wie der Name es schon sagt

„Ein lebenslanges Werk!"

Etwas Wunderbares und Sie wissen eines, wenn Sie von dieser Erde gehen, wird Ihr Werk weiterleben. Die Menschen werden durch Sie bereichert.

Was sollte ein Lebenswerk unbedingt beinhalten

Einen hohen Nutzen für die Mitmenschen. Eine immense Bereicherung für viele Leute und eine Erleichterung, für die Menschheit. Als große Ausgangsbasis, damit liegen Sie richtig. Wenn Sie Ihre drei Favoriten nehmen, welcher davon ist dazu geeignet? Welche Menschen benötigen exakt diese Hilfe? Wer kann etwas damit anfangen? Schreiben Sie es bitte unverzüglich auf.

1.) _____

2.) _____

3.) _____

4.) _____

5.) _____

6.) _____

7.) _____

8.) _____

9.) _____

10.) _____

Arbeiten Sie im maximalen Bereich, die meisten tendieren leider zum Minimalismus. Mit dieser Einstellung kommt man nicht weit. Erfolgreiche Menschen arbeiten stets im „Maximalismus," oder wie die Amerikaner sagen

„Go the extra mile!"

Was empfinden Sie im Moment

Ein komisches Gefühl, oder geht es besser? Es kommt der Tag, wo Sie sich freuen, kreativ an Ihrer eigenen Entwicklung zu arbeiten, es für Sie zur Selbstverständlichkeit wird. Was ist Ihr wichtigster Bereich, wer ist Ihre Zielgruppe? Dies machen leider nur die Vollprofis, alle anderen arbeiten nach dem Zufallsprinzip. Wie es das Wort ausdrückt, es bleibt der Zufall übrig. Das ist das, was Ihnen zufällt, kein schöner Aspekt. Halten Sie den wichtigsten Punkt fest und überprüfen Sie es nochmals in der Ganzheit.

1.) _____

Ihr Fazit: _____

Nun heißt es loslegen

Der Moment ist gekommen, wo Sie richtig loslegen, ohne „Wenn und Aber!" Sie sind beseelt von Ihrer Vision und arbeiten Tag für Tag daran, ohne zu zaudern und zu zögern. Wenn Sie nicht zu einem befriedigenden Ergebnis gelangen, lassen Sie sich aus unserem Hause coachen. Dadurch kommen Sie wesentlich schneller voran. Ein Coach fördert und fordert Sie, gibt Ihnen Hilfestellung und Tipps. Wichtig ist bei der Geschichte, dass Sie bitte zeit ihres Lebens damit anfangen, getreu Ihrem neuen Prinzip

„Zeit sich von der „Verschieberitits" zu verabschieden!"

Wieso fragen Sie so viele Menschen

Haben Sie sich das schon einmal überlegt? Ich bin erstaunt, dass die meisten immer andere fragen müssen. „Was meinst du? Was denkst du?" Das ist nicht gesund und tut überhaupt nicht gut. Da viele Menschen eh mit einer negativen Lebenseinstellung unterwegs sind, kommen auch nur solche Botschaften zutage. Es kann nur das herauskommen, was sich darin befindet, dies ist eine uralte Weisheit.

Fragen Sie Vollprofis

Wenn Sie sich das zu eigen machen, liegen Sie goldrichtig. Wie soll Otto Normalbürger wissen, wie ein Geschäft zu funktionieren hat? Oder jemand der nur am Jammern und Lamentieren ist? Hier gilt es klar zu unterscheiden, wer wie unterwegs ist. Wenn Sie andere fragen, dann bitte jemand, der Erfolg in dem Bereich hat, wo Sie gerne hin möchten, das nötige Durchhaltevermögen besitzt.

Fragen Sie die Eltern

Wie oft werden die Eltern gefragt? Die sehen die Dinge natürlich aus Ihrer Sicht. Sie bleiben im Normalfall das kleine Kind, egal wie alt Sie sind, dementsprechend sind die Ratschläge. Genau da gilt es aufzupassen, denn im Wort Ratschlag, ist der Schlag enthalten. Dies brauchen Sie auf gar keinen Fall. Sie benötigen Ihre komplette Energie, um weiterzukommen und damit viel bewegen zu können.

Fragen Sie nicht, tun Sie lieber

Diese ewige Fragerei ist übel und schadet Ihnen, denken Sie bitte darüber nach, Sie müssen doch nicht fragen. Wenn Sie wissen, was Sie wollen, verfolgen Sie den Weg und fertig. Sie fühlen sich dadurch wesentlich wohler und leichter. Fragen ist ein Zeichen von Unsicherheit.

Die meisten denken an ihren eigenen Vorteil

Altbekannt, dass fast jeder meistens an sich denkt. An seine Vorteile und diese ist er auch kaum bereit abzutreten. Je mündiger Sie werden, desto unbequemer und weniger manipulierbarer sind Sie. Auch hier darf niemals die Elternsituation unterschätzt werden. Ich spreche speziell von der sogenannten Mutter-Tochter-Beziehung. Wehe, wenn die arme Mutter ihre Tochter durch zu große Selbstständigkeit verliert. Das wird oft mit allen Mitteln versucht, für alle Zeiten zu unterdrücken.

Holen Sie sich einen Erfolgsproduzenten

Wenn Sie Hilfe benötigen und das braucht man, wenn man neue Wege beschreitet, dann bitte von einem Erfolgsproduzenten. Er erhält für seine Dienstleistung Geld und ansonsten ist es ihm egal, weil er keine weiteren Interessen an Ihnen hat. Außer Sie zum Erfolg zu führen, Sie zu fordern und zu fördern. Viele Menschen sind aber zu geizig.

Getreu dem Prinzip „Von Geiz ist geil!"

Es lautet aber

„Geiz frisst Hirn!"

Ein Erfolgsproduzent hat viel bewegt und kennt sich in der Branche aus. Er ist mindestens seit über 20 Jahren erfolgreich auf dem Markt, hat Bücher geschrieben, hält Vorträge, hat mehrere Firmen aufgebaut. Führt diese erfolgreich und besitzt eine aussagekräftige Homepage. Wenn Sie das Thema näher interessiert, lesen Sie mein Buch „Achtung vor den Coachs!"

Praxis ist durch nichts zu ersetzen

Ich finde es spannend, wie wenig Menschen dieses wichtige Gesetz beachten. Theoretiker gibt es genug auf dem Markt, was nützt das? Sie kennen es sicherlich, die Praxis schaut meist anders aus. Das Problem ist, viele gehen an die Universität, lernen aus der Theorie und geben genau diese weiter. Der Lernende nimmt es auf und versucht, die Dinge umzusetzen, oft mit mäßigem Erfolg. Dadurch nimmt alles seinen Lauf, unbefriedigend und natürlich frustrierend.

Wovor haben Sie Angst

Angst, als eines der schlimmsten Hindernisse. Das Endresultat ist leider noch mehr Angst und dadurch Frust ohne Ende. Arbeiten Sie an Ihrer Angst, tauchen Sie in diese ein, stellen Sie sich ihr. Wenn Sie vor der Angst davonlaufen wollen, wird Sie diese verfolgen. Sie schwebt über Ihnen wie ein Damoklesschwert und hinterlässt kein angenehmes Gefühl.

Angst als Erziehungsmittel

Angst wurde schon seit Menschengedenken, als wunderbares Mittel praktiziert, um den anderen kleinzuhalten. Auch hier gilt es, genau hinzuschauen. Wenn ich da an meine Kindheit zurückdenke, war Angst und Strafe ein praktikables Mittel, nicht nur im Elternhaus, sondern auch in der Kirche und Schule. Als lebhafte Jungs wollten wir alles wissen und haben es ausprobiert. Um uns kleinzuhalten, damit wir nicht über die Stränge schlagen, wurde uns gedroht, dass wir von der Schule fliegen, ins Gefängnis kommen oder die Hölle auf uns wartet, um einiges zu nennen. Zum guten Glück hat mich das nie groß beeindruckt.

Angst hält klein

Das ist genau das, was gewollt ist und kaum einer zugibt. Den anderen kleinzuhalten ist wunderbar, dadurch kann man sich selbst groß machen, befreien Sie sich davon. Ein kleines Beispiel, welches wir häufig im Beauty&Wellnessbereich erleben. Da möchte sich jemand selbständig machen, ist jedoch ein wenig unsicher. Dann fragt er seine Spezies und diese antworten mit folgendem Wortlaut „Beauty&Wellness ist überlaufen, da brauchst du nichts zu machen, der Zug ist abgefahren!" Welch ein Blödsinn, denn es gibt unendlich viele Möglichkeiten, hier Fuß zu fassen und zu überdurchschnittlichem Erfolg zu gelangen.

Angst macht eng

Der Mensch braucht Größe und Weite. Angst bewirkt genau das Gegenteil davon. Sie macht eng, drückt und hält flach. Arbeiten Sie unbedingt daran und tun Sie eines, was viele nicht machen, mit der Situation zu kokettieren.

Angst vergrößert sich

Das Schlimme an der Angst ist, dass sich diese zusehends vergrößert. Der Weg, bis sie überhand genommen hat, ist ein relativ schmaler Pfad. Wehret den Anfängen ist die klare Botschaft, die niemals zu unterschätzen ist. Kleine Dinge kann man sofort ausmerzen, je größer diese werden, desto komplexer und umso länger dauert es.

Wovor fürchten Sie sich

Schreiben Sie all die Dinge auf, die Ihnen Angst bereiten, mögen sie noch so banal erscheinen. Denn Angst ist wie ein schleichendes Nervengift, welches den gesamten Menschen befällt. Beim Aufschreiben geht es nicht darum gleich zu zensieren, sondern alles schwarz auf weiß festzuhalten.

1.) _____

2.) _____

3.) _____

4.) _____

5.) _____

6.) _____

7.) _____

8.) _____

9.) _____

10.) _____

Sollte der Platz für Ihre Punkte nicht ausreichen, schreiben Sie zwischen den Zeilen. Was haben Sie für ein Gefühl, wo Sie alles aufgeschrieben haben, wie geht es Ihnen dabei?

Ihr Fazit: _____

Was ist Ihre schlimmste Angst

Bitte tun Sie es, es handelt sich um die Analyse Ihrer Angst. Nun wollen wir Ihre drei schlimmsten Ängste anschauen, denn alle zehn oder noch mehr, werden wir auf gar keinen Fall sofort lösen können. Das ist reine Utopie und nie zu bewerkstelligen. Wir können uns in der Regel, um eine Sache kümmern. Mit der Angst ist es wie mit Dominosteinen, einen angetippt, fallen alle anderen um. Notieren Sie Ihre drei schlimmsten Ängste.

1.) _____

2.) _____

3.) _____

Was haben Sie für ein Gefühl, wie geht es Ihnen dabei? Fühlen Sie sich gut? Alleine durch das Aufschreiben, verlieren die Dinge bereits an Größe, sie werden durchschaubarer. Meistens handelt es sich um ein dumpfes Gefühl, richtig aus der Tiefe heraus. Nebulös und undefinierbar, bereitet es Schrecken und Angst.

Ihr Fazit: _____

Woher kommt diese Angst

Angst kommt nicht von ungefähr. Ich bin fasziniert, wie unerschrocken kleine Kinder durchs Leben gehen. Sie scheinen durch nichts beängstigt zu sein. Sie sind mutig und besitzen einen Forscherdrang. Erst die Erwachsenen pflanzen in ihre Kinder Angst ein. Manche Dinge sind gut, vor anderen muss man sich schützen, das will erlernt sein. Was die Erwachsenen da fabrizieren, ist eine Katastrophe. Der Erdenbürger wird mit Angst zugeschüttet und geht dermaßen verängstigt durchs Leben. Halten Sie die drei Punkte fest, wovon Sie überzeugt sind, dass Ihre drei schlimmsten Ängste herrühren.

1.) _____

2.) _____

3.) _____

Ist Ihnen etwas aufgefallen? Wird Ihnen einiges klarer? Das Thema dabei ist, die Dinge ins Bewusstsein zu führen. Erst dadurch können diese klar erkannt und bearbeitet werden.

Ihr Fazit: _____

Bis wann haben Sie die Angst eliminiert

Der nächste Schritt, Sie kennen es bereits von der Erfolgsformel Z + P + T + K. Bis wann haben Sie die Angst eliminiert? Was ist Ihre Messlatte? Ohne eine klare Zielsetzung werden Sie die Angst ein Leben lang behalten. Da sind wir genau bei dem Punkt, wieso die meisten Menschen lieber in der „Verschieberitis" leben, anstatt die Dinge mit Dynamik anzugehen. Packen Sie es an, lieber heute als morgen. Je schneller Sie das Problem gelöst haben, desto freier fühlen Sie sich für die großen Momente in Ihrem Leben.

Wer hindert Sie

Normalerweise bin ich ein absoluter Gegner von der Theorie „Suche dir einen Schuldigen!" Denn wer anderen die Schuld gibt, gibt ihnen zugleich die Macht über sein eigenes Leben. Das ist nicht besonders intelligent und dies gilt es, in jedem Falle zu vermeiden. Hier geht es um eine Analyse der Personen, die einem schwächen. Wir wollen diesen Menschen überhaupt keine Schuld geben, denn wenn einer Schuld ist, sind wir es, weil wir uns mit diesen Personen abgeben. Keiner zwingt uns, das hoffe ich zumindest auch bei Ihnen.

Gefahr erkannt - Gefahr gebannt

Ein uraltes Sprichwort, welches große Bedeutung hat. Sich unnötig in Gefahr zu bringen, ist wahrhaftig töricht und führt zu hausgemachtem Stress, oder sogar zum Elend. Nicht besonders klug, wenn man dermaßen durchs Leben geht. Auch hier sofort in die Schriftlichkeit gehen. Die Dinge beim Namen nennen, damit können wir besser umgehen und die Strategien entwickeln. Wie sagte die militärische Einsatzleitung zum Schutze des WEF in Davos „Wir sind in Gefahr, wissen jedoch leider nicht von wem und was, gerade das macht uns so gefährdet!" Wie wunderbar, wenn wir den Feind beim Namen nennen können.

Schreiben Sie die Personen auf, die Sie behindern

Schreiben Sie jeden einzelnen auf, möge es in diesem Falle noch so banal erscheinen. Wie oft sind es gerade die kleinen Angelegenheiten, die am meisten Probleme bereiten. Notieren Sie auch die Leute, von denen Sie normalerweise denken, dass man diese nicht erwähnen dürfte. Sollten Sie Angst haben, dass eines Tages einer dieser Leute Ihr Lebensbuch lesen sollte, verwenden Sie als Name ein Pseudonym. Im Übrigen ist es eh sinnvoller, das Buch unter Verschluss zu halten, denn hier sind Ihre höchst persönlichen Aufzeichnungen enthalten. Diese sind nicht für andere bestimmt. Schreiben Sie nachfolgend alle auf.

1.) _____

2.) _____

3.) _____

4.) _____

5.) _____

6.) _____

7.) _____

8.) _____

9.) _____

10.) _____

Sicherlich ist es Ihnen schwergefallen. Ich erinnere mich an meine Zeit, wo ich diese Leute namentlich festgehalten habe. Nicht gerade erbauend und lustig, zumal es einige aus der eigenen Reihe waren. Ich meine damit die Familie und engste Freunde, das hinterlässt ein komisches Gefühl. Nach dem Prinzip von „Das kannst du fast nicht machen!" Aber diese Leute haben auch keine Skrupel, uns auf subtilste Art und Weise zu manipulieren.

Ihr Fazit: _____

Wieso behindern Sie diese Leute

Es gibt bestimmte Gründe, wieso es Sie Energie kostet. Je genauer Sie das analysieren, desto leichter können Sie damit umgehen. Wie heißt es so schön, manchmal muss man sich vor sich selbst schützen. Je besser Sie sich kennen, desto leichter wissen Sie, wie Sie mit sich und der Situation, oder den Situationen umzugehen haben. Schreiben Sie zu den einzelnen Positionen genau auf, was Sie hindert, blockiert, oder Ihre Energie frisst.

1.) _____

2.) _____

3.) _____

4.) _____

5.) _____

6.) _____

7.) _____

8.) _____

9.) _____

10.) _____

Wie fühlt es sich für Sie an? Haben Sie den berühmten, roten Faden erkannt? Oft sind es dieselben Dinge, die Sie im negativen Sinne berühren.

Ihr Fazit: _____

Wer sind aus Ihrer Sicht die Schlimmsten

Wir können uns unmöglich, um alle gleichzeitig kümmern. Wählen Sie die drei Schlimmsten aus. Es sind die Leute, die Eigenarten an sich haben, die Ihnen nicht gut tun, bitte keinesfalls zensieren. Ich weiß, wie schwierig und teilweise schmerzhaft es ist, wenn es um die Allernächsten geht. Leider sind es gerade diese Personen, die unser Blut am meisten in Wallung bringen.

1.) _____

2.) _____

3.) _____

War Ihnen das bewusst, dass es sich um genau diese Leute handelt? Oder gehören Sie zu denen, die sich nicht entscheiden können? Auch wenn es Ihnen schwerfallen sollte, tun Sie es. Da wären wir wieder beim Kapitel, Entscheidungen fällen. „Es ist aber wirklich nicht einfach. Mal sind es die Personen, mal andere!" Das ist mir schon klar, dass es sich öfters ändert, dennoch sind es in letzter Konsequenz meist die Gleichen.

Ihr Fazit: _____

Benötigen Sie diese Personen

Ein schreckliches Wort „benötigen," denn darin liegt die Not. Genau diese Frage ist von immenser Wichtigkeit, das Abhängigkeitsverhältnis zu sehen, in dem Sie sich befinden. Bitte ehrlich und offen sich selbst gegenüber sein. Denn eines wollen wir nie mehr, uns etwas vorgaukeln. Vermerken Sie bei den drei aufgeführten Personen, den Kommentar.

1.) _____

2.) _____

3.) _____

Vielleicht fragen Sie sich, wieso gerade in diesem Kapitel, die meisten Fragen zu beantworten sind? Weil die Beziehungen zu den Mitmenschen mit das Komplizierteste sind.

Ihr Fazit: _____

Was würde passieren, wenn Sie den Kontakt abbrechen

Jetzt kommt die Frage, die Sie sicherlich befürchtet haben. Für manche Dinge ist es Zeit, dass wir einen endgültigen Schlussstrich unter die Geschichte ziehen. Schwieriger wird es, wenn es um die eigene Familie geht. Gut, von seinem Partner kann man sich trennen, das ist weiters keine Kunst. Aber von den Eltern, da denke ich, wird es ein wenig komplexer und tiefgreifender.

Ich für meinen Teil bin mit etlichem, was meine Eltern tun und von sich geben, nicht einverstanden. Jahrelang hat es mich getroffen, weil ich mich habe treffen lassen. Bis ich endlich verstanden habe, mich zu positionieren, nicht in die Schusslinie zu stellen. Damit lebe ich wunderbar und in Frieden. Denn mit den eigenen Eltern zu brechen, ist nicht mein Thema, damit lässt es sich schwer leben. Nun sind Sie an der Reihe, von welchem dieser drei Kandidaten könnten Sie sich trennen und was würde dadurch passieren?

1.) _____

2.) _____

3.) _____

Blutet Ihr Herz dabei, oder tangiert es Sie überhaupt nicht? Bei mir geriet damals mein Blut in Wallung, zumal die Glaubenssätze manifestiert waren, von wegen „Das tut man nicht, kann man nicht machen!"

Ihr Fazit: _____

Was geschieht, wenn Sie es tun

Es gibt wie immer im Leben, zwei Seiten. Einmal, was ist, wenn man es tut? Welchen Schmerz darf man da sein eigen nennen? Dann was passiert, wenn man es nicht tut? Ist der Schmerz dann nicht wesentlich schlimmer? Sie bezahlen so oder so Ihren Preis! Frage ist, welcher ist für Sie angenehmer? Mit welchem Preis können Sie besser umgehen? Veränderung hat mit Loslassen zu tun. Loslassen hat in der Regel die Eigenschaft, wehzutun.

Auf was wollen Sie warten

Wie lange wollen Sie noch warten? Stets in Anbetracht, dass Ihre Lebenszeit voranschreitet und jeder Tag, an dem keine Veränderung stattfindet, ein verlorener ist, den man nie einholen kann. Genau aus diesem Grunde ist es ratsam, aufzupassen und täglich eine große Meisterleistung zu platzieren.

Denken Sie daran, von nichts wird sich auch nichts tun

Sie dürfen nie hoffen, wünschen, ohne ins Handeln zu kommen, denn das Ende davon ist leider bitter. Dabei ist das Leben Süße, Entwicklung, Lebensfreude und Inspiration. Dies jedoch nur für diejenigen, die bereit sind, sich im „Hier und Jetzt" zu engagieren, ihrem Leben eine Wende geben.

Wenn nicht jetzt, wann dann

Sie haben eine Menge vor, davon gehe ich aus, möchten in eine andere Dimension hineingelangen. Sie haben bis hierher alle Aufgaben gelöst und nun geht es ans Umsetzen. Das ist die Kunst, die gelernten Dinge, zur Vollendung zu bringen. Was gibt es Schöneres als zu sehen, wie das Ganze wächst und wächst.

Wann möchten Sie anfangen

Es ist genauso, wie im richtigen Leben, das kennen Sie bereits. Sie wollten schon viel tun, sein, haben und erreichen. Leider ist vieles nie realisiert worden, weil Sie auf den günstigen Augenblick gewartet haben.

Was fehlt Ihnen

Bevor Sie nun freiwillig nach irgendwelchen Geschichten suchen, um es hinauszuzögern, wollen wir es lieber sofort gemeinsam tun. Was könnte Sie hindern? Was fehlt Ihnen noch zu Ihrem Glück? Wir sind geübt, Ausreden zu suchen und durch das permanente Training, große Meister darin. Dazu müssen wir uns nicht einmal besonders anstrengen, es läuft von selbst. Schreiben Sie bitte auf, was eventuell noch fehlen könnte.

1.) _____

2.) _____

3.) _____

4.) _____

5.) _____

6.) _____

7.) _____

8.) _____

9.) _____

10.) _____

Wenn Sie Ihre Liste anschauen, was für ein Gefühl haben Sie? Geht es Ihnen gut, oder sehen Sie bereits die Stolpersteine? Glücklich ist derjenige, der trotz reiflicher Überlegung, nichts gefunden hat. Sollten Sie zu denen gehören, die alle zehn Punkte ausgefüllt haben, ist auch das völlig in Ordnung. Denn es ist Ihr kostbares Leben, je früher und schneller wir die Dinge festhalten, desto präziser können wir an die Auflösung gehen.

Ihr Fazit: _____

Auf was wollen Sie warten

In diesem Durchgang schauen wir Ihre Beweggründe an, die Sie im Moment zögern lassen, Ihr großes Lebenswerk anzugehen. Schreiben Sie alle Positionen auf.

1.) _____

2.) _____

3.) _____

4.) _____

5.) _____

6.) _____

7.) _____

8.) _____

9.) _____

10.) _____

Warten, warten, warten und nochmals warten. Wahnsinn, wie die Menschheit Ihre Zeit verplempert, überall wird gewartet. Es gibt Orte, wo Menschen nur da stehen, oder sitzen, zum Beispiel beim Arzt. Das fand ich früher so faszinierend, mit welch stoischer Ruhe die Patienten stundenlang da sitzen, um nach fünf Minuten Konsultation, aus dem Sprechzimmer zu kommen. Unglaublich und nahezu alle machen es mit. Wieso? Genau das gleiche Thema, ist für mich das Fernsehen. Da sitzen die Menschen Abend für Abend vor der Glotze, um sich berieseln zu lassen. Jede Ablenkung ist willkommen, man könnte vielleicht eine interessante Sendung verpassen, anstatt sich um sein Lebenswerk zu kümmern.

Ihr Fazit: _____

Was sind die drei Dinge, die fehlen und Sie zögern lassen
Auch hier werden wir uns um das Wesentliche kümmern, denn von den zehn Punkten sind die meisten Bagatellen. Suchen Sie Ihre wesentlichen Dinge, die Momente, die tiefgreifender liegen.

1.) _____

2.) _____

3.) _____

Wie ist Ihr Empfinden? Bitte gewöhnen Sie sich für die Zukunft an, bei allem was Sie tun, oder wo Sie noch in der Überlegung sind, Zweifel hegen, das Gefühl mit einzubeziehen. Wenn dieses stimmt, haben Sie die nötige Power und Energie, alles anzupacken und nie, nie, nie auf irgendwann zu verschieben.

Ihr Fazit: _____

Bis wann haben Sie das Problem gelöst

Bei allem was Sie tun, wird ein zeitlicher Rahmen benötigt, der mit einem Anfang beginnt und mit dem Ende vorbei ist. Ohne klares Festhalten dauert alles zu lange. Da Sie erkannt haben, wie wichtig es ist, mit der eigenen Zeit, wie mit Geld umzugehen, stellt es für Sie auch kein Problem dar. Sie wissen, je schneller Sie die Dinge lancieren, starten und zu Ende bringen, desto mehr Erfolg und Segen liegt darin.

Ihre Alibigeschichten und Opferstorys

Ich bin begeistert vom Ideenreichtum der Menschen. Um keine Ausrede, Opferstory, oder Alibigeschichte verlegen und kreativ unterwegs, leider nicht im positiven Sinne. Dabei wäre es der gleiche Aufwand, aber mit einem total anderen Ergebnis. Sie betrügen sich mit solchen Geschichten selbst. Das tut auf Dauer nicht gut, Ihre große Vision, Wünsche, Träume eines Tages zu begraben, wegen der eigenen Unfähigkeit, dies ist nicht besonders lustig. Wollen Sie sich das antun? Das noch im Vollbesitz Ihrer geistigen Kräfte? Ich denke, das kann nicht Ihr Ernst sein, oder?

Ist es nicht eine Alibigeschichte

Bevor Sie in Zukunft wieder irgendwo nach einer Ausrede suchen, fragen Sie sich vor der Manifestierung, was das wieder für eine Geschichte ist. Alibis sind übel und dumm, zeugen nicht von einer großen Lebenskapazität und -fähigkeit. Das hört sich vielleicht für Sie hart an. Aber was haben Sie davon? Meinen Sie, es ist besonders lustig und amüsant, im fortgeschrittenen Alter sagen zu dürfen „Hätte ich doch!" und „Jetzt ist es leider zu spät!" Ich habe mich früh gegen solch eine Situation entschieden, weil es mich wahnsinnig machen würde. Nun, ich habe von etlichen, älteren Menschen lernen dürfen. Sie waren mir ein Vorbild, wie ich es niemals haben möchte. Es ist die Entscheidung jedes Einzelnen.

Ist es vielleicht sogar eine Opferstory

Opferstory ist die schlimmere Variante, Alibigeschichten, eher die lächerlichere Nummer. Sich als Opfer darzustellen, ist die Abartigkeit menschlichen Daseins. Eines ist mir bewusst, dass viele mit der Aussage nichts anfangen können und der Meinung sind, dass sie Opfer der Umstände und bestimmter Personen sind. Es ist die freie Entscheidung, was man glauben möchte und was nicht. Jeder Mensch kann sich jeden Tag neu positionieren und sein Leben gestalten. Bei dieser Aussage, bringen viele das „Ja, aber" ein. Ich möchte Ihnen eines sagen

„Hören Sie auf, so durchs Leben zu gehen!"

Durch diese Entscheidung werden Sie Lebensfreude gewinnen, Glück, Zufriedenheit und Unabhängigkeit.

Werfen Sie alles über Bord

Alles was belastet, werfen Sie über Bord, entfernen Sie es dauerhaft. Wenn Sie es nicht alleine schaffen, wie die meisten Menschen, holen Sie sich kompetente Hilfe. Kommen Sie auf unsere Schulungen, lassen Sie sich privat coachen. Es lohnt sich, in die Freiheit zu gelangen. Dies gelingt, wenn Sie Ballast abwerfen.

Legen Sie heute los

Genau in diesem Moment, können Sie die Entscheidungen, die nötig sind, fällen und sofort loslegen. Alles beginnt mit der Entscheidung – jetzt, gleich und sofort.

„Sich regen - bringt Segen!"

Legen Sie heute noch los und warten nie mehr, auf dass sich etwas von alleine tun wird.

Besuchen Sie ein Motivations- und Zielsetzungs-Seminar

Das ist eine klare Entscheidung in ein neues Leben. Sich helfen lassen ist keine Schande, sondern zeigt Größe. Es gibt Dinge, wo Sie sich helfen lassen, sei es bei Zahnschmerzen, bei einem Autounfall, bei den Steuern, bei einer Fraktur, um einige zu nennen. Sie suchen einen Spezialisten auf und das ist selbstverständlich. Das heißt, Sie überlegen keine Minute, ob das sinnvoll ist oder nicht. Nur, wenn es um den eigenen Erfolg geht, die Weiterentwicklung der zur Verfügung stehenden Ressourcen, wird entweder überhaupt nicht überlegt, ob man eventuell Hilfe in Anspruch nehmen könnte. Wenn, wird so lange überlegt, dass es fast in Vergessenheit gerät. Das Problem dabei ist, es tut nicht weh und dadurch steckt auch kein Zwang dahinter, endlich etwas zu unternehmen.

Lassen Sie sich privat coachen

Der Königsweg ist, einen persönlichen Trainer an seiner Seite zu haben, das bringt Sie schneller voran. Ein Coach, der für Sie da ist, auf all Ihre Belange eingeht und genau weiß, wo Ihre Stärken und Schwächen liegen. Sie fordert und fördert, im richtigen Bereich trainiert, vorausgesetzt, er ist ein Vollprofi.

Das Durchhaltevermögen

Auch darüber habe ich in den vorhergehenden Kapiteln bereits geschrieben. Das Durchhaltevermögen ist von großer Bedeutung, dass ich diesem ein extra Kapitel widme. Mit dieser Einstellung steht oder fällt der Erfolg. Die meisten sprechen von Glück, aber damit kann ich kein erfolgreiches Leben führen. Es führt nie zur Verwirklichung, der Ziele und Visionen. Glück ist der Zustand, von dem die meisten ein Leben lang träumen und es gerne hätten. Ohne daran zu denken, dass Glück Tag für Tag hart erarbeitet sein will, Glück ist kein Zufall. Davon zu träumen, das schaffen nur Menschen, die die Lebensgesetze nicht kennen. Diese glauben aus der Überlieferung heraus, dass das Glück eines Tages zu ihnen kommen wird. Sollte es tatsächlich eintreffen, hat sich gezeigt, dass es nicht von anhaltender Dauer ist.

Oberste Priorität, um zum Erfolg zu gelangen

Vergessen Sie den Glückstraum, leben Sie den Erfolgstraum und Sie werden wesentlich weiterkommen, als all die Menschen, die lieber warten und der Dinge harren, die da kommen werden. Der erste Schritt, um zum eigenen Glück zu gelangen, ist Ihre Vision, Ihr Lebenswerk. Wir können es auch Ihre Ziele nennen. Definitionen sind diesbezüglich geduldig. Wenn Sie eine der Eigenschaften Ihr eigen nennen, liegen Sie bereits besser, als die meisten Menschen. Ohne einer der Komponenten, haben Sie keine Chance. Das Leben bedeutet Reichhaltigkeit und vor allem Fülle.

Sie müssen da durchgehen

Wie es das Wort „Durchhaltevermögen" sagt, Sie müssen da durchgehen. Ich bezeichne das auch als Land der Tränen. Bis sich endlich der Erfolg einstellt, benötigt es viel Geduld und eine eiserne Disziplin. Tag für Tag einen Schritt vor den anderen zu setzen. Das Einzige, was bleibt, ist die Vision, der Traum, eines Tages dort anzukommen. Denn vom Start weg ist noch lange nichts in Sicht. Sie sehen noch nicht den Horizont, wissen aber, dass dies die Richtung ist, in welche Sie zu gehen haben.

Sie müssen es aushalten

Ich wiederhole mich, Tag für Tag arbeiten, ohne das Sie etwas sehen. Dies ohne Erfolg, ohne nichts. Genau hier haben die meisten riesige Probleme. Der Mensch ist gewohnt, etwas zu tun und sofort muss das Ergebnis vorliegen. Dem ist auf einem langen Weg aber nicht so. Ich vergleiche das gerne mit einem Landwirt. Der fährt nicht heute auf den Acker sät, um am nächsten Tag zu schauen, was schon alles gewachsen ist. Da er leider nichts sieht, fängt er an, den Boden umzugraben, ob nicht doch schon etwas wächst. Was wird er sehen? Nichts und nochmals nichts. Lernen Sie von diesem Beispiel und haben Sie Geduld. Weitermachen, weitermachen und nochmals weitermachen, führt zwangsläufig zum Erfolg, das dauert mitunter Jahre.

Sie gelangen zu Vermögen

Wenn Sie da durchgegangen sind, es ausgehalten haben, steht am Ende das „Vermögen!" Der Volksmund sagt schlicht und einfach

„Ohne Fleiß, keinen Preis!"

Beides geht in die gleiche Richtung. Es gelangt nur derjenige zu Vermögen, der dran bleibt und sich von niemandem beirren lässt. Denn die Versuchungen auf dem Weg dorthin sind mannigfaltig. Angefangen von Menschen, die einem versuchen davon abzuhalten, bis hin zu eigenen Verzögerungstaktiken.

Durchhaltevermögen will trainiert sein

Es will Tag für Tag hart trainiert werden, kein Meister fällt vom Himmel. Am Anfang ist uns alles fremd und teilweise sogar beschwerlich. Der Drang sofort nach dem Start wieder aufzugeben, ist immens groß und hier liegt die Gefahr. Arbeiten Sie deshalb mit der sogenannten 1-Tages-Strategie. Wenn Sie denken, es geht nicht mehr, halten es nicht aus, sagen Sie sich

„Ach komm, halte noch einen einzigen Tag durch!"

Wenn der Tag vorbei ist, sagen Sie sich wieder das Gleiche. So machen Sie es viele Wochen und Monate. Eines Tages sind Sie soweit involviert, dass Sie gar nicht anders können. Es ist zu einem festen Teil von Ihnen geworden. Dies ist der Moment, wo Sie die eigene Trägheit, Schwerkraft und die Macht der Gewohnheiten überlebt haben.

Je größer die Vision, desto leichter wird es

Was dabei hilft, ist Ihre Lebensvision. Ein kleines Wünschlein wird Sie kaum hinter dem Ofen hervorlocken und zu ein wenig mehr Engagement anspornen. Wozu denn auch? Ansporn für einen Sportler ist immer der Sieg und die Goldmedaille. Dafür strengt er sich Tag für Tag an. Trainiert, ob gerade Lust vorherrscht, oder nicht. Das spielt in diesem Moment überhaupt keine Rolle, wichtig ist das Ziel. Genau diese Fähigkeit müssen Sie sich zu eigen machen.

Erfolgreiche wirken unglaublich motivierend

Erfolg und Erfolgreiche wirken motivierend und ansteckend. Sie sind hundertprozentig von Ihrer Vision beseelt. Wenn Sie von etwas nicht beseelt sind, keine Seele hineinstecken, ist es von Anbeginn an zum Scheitern verurteilt. Das ist nicht tragisch, wenn man wenigstens zufrieden wäre und aufhören würde, zu jammern. Das ist dieser schlimme Part, von den meisten, die das Jammern zu ihrer Lieblingsbeschäftigung auserkoren haben. Den lieben langen Tag zu lamentieren. Dazu kann ich Ihnen mein Buch „Höre endlich auf zu jammern!" empfehlen.

Bauen Sie sich ein Netzwerk auf

Ein Netzwerk an erfolgreichen Menschen, die Ihnen helfen, Sie tragen, unterstützen und zugleich motivieren. Von diesen Menschen gibt es wenige, man spricht von ca. 2 -3%. Ihre Aufgabe ist, diese Menschen zu suchen und das Netzwerk zu pflegen. Diese Leute wirken dermaßen inspirierend und aufbauend, bewegen sich in einer anderen Dimension. Ihre Welt ist nicht das Jammern, Klagen oder das Gespräch über Frau XY, die vielleicht gerade eine unmögliche Haarfarbe hat. Oder was wieder Schlimmes in der Welt passiert ist.

Mentale Kraft und mentale Power

Davon haben Sie bestimmt schon gehört. Es ist mittlerweile zu einem geflügelten Wort geworden. Vor allem, seit es im Sport um Hundertstel von Sekunden geht, die über den Sieg oder die Niederlage entscheiden. Sie wissen selbst, wie kurz eine Sekunde ist, ein Hauch von nichts. Hier hilft wirklich nur die mentale Kraft und Power.

Alles fängt und hört im Kopf an und auf

Was für Gedanken haben Sie den lieben langen Tag in Ihrem Kopf? Woran denken Sie die ganze Zeit? Überprüfen Sie es eine Woche, notieren Sie Ihre Gedanken. Dazu tragen Sie einen kleinen Block und einen Stift in Ihrer Hand-, Hosen- oder Brusttasche. So können Sie jedes Mal, wenn ein Gedanke auftaucht, diesen festhalten. Von 100 Gedanken, sind im Schnitt 98% negativ behaftet, das ist schade und traurig. Wir sind leider zu einem Volk von negativ Denkenden mutiert. Anstatt an die schönen und aufbauenden Dinge zu denken, die uns inspirieren und beflügeln, denken wir meist negativ.

Siege werden im Kopf gewonnen

Lesen Sie diesen Satz etliche Male durch. Lernen Sie ihn auswendig, machen Sie ihn sich zu eigen. Ihre Gedanken haben die Eigenschaft, sich zu manifestieren. Jeder Gedanke ist ein Saatkorn und wird aufgehen, wenn auch nicht sofort, das ist das Fatale. Überrascht, wieso etwas passiert ist, wo man selbst niemandem etwas Schlimmes getan hat. Genauso die Frage „Wieso immer ich?" Gedankenhygiene beginnt im Kopf. Negative und zerstörerische Gedanken, gehören eliminiert und vernichtet. Positive und lebensbejahende, gefördert und verstärkt.

Geistige Vorstellungskraft schafft Wirklichkeit

Denken Sie einmal darüber nach, wie viel Potential hier vorhanden ist. Unglaublich, wozu Gedanken fähig sind. Denken Sie positiv, handeln danach. Geben Sie sich mit solchen Menschen ab, erhalten Sie genau das Resultat. Viele Menschen glauben das nicht und reduzieren es auf das Glück. Sich auf Glück verlassen zu wollen, ist wahrhaftig keine intelligente Ausgangsbasis.

Was haben Sie den Tag über in Ihrem Kopf

Ein einziger, negativer Gedanke reicht aus, um das Bild trüb werden zu lassen. Denken Sie stets daran

„Zweifel sind die Verräter, an der eigenen Person!"

Genau aus diesem Grunde sollten Sie nicht an sich zweifeln, wozu denn auch? Sie sind ein wahrer und reiner Gewinner, das haben Sie damals als kleines Sperma bewiesen. Sie sind jahrelang in die Schule gegangen, auch da haben Sie gezeigt, wie viel Durchhaltevermögen in Ihnen steckt. Denken Sie ab sofort nur noch an Ihre Vision. Wenn andere Gedanken von Ihnen Besitz ergreifen möchten, wehren Sie sich unverzüglich dagegen. Lassen Sie es bitte nie und nimmer zu.

Denken Sie an Erfolg oder Misserfolg

Leider denken die Menschen meist an Schwierigkeiten und Probleme, das ist keine Ausgangsbasis. Es ist eine gesellschaftliche Tendenz, die leider dazu stark beigetragen hat. Viele Berichterstattungen, sei es im Fernsehen, oder in den übrigen Medien, sind negativ behaftet und durch die permanente Wiederholung, kann es sich manifestieren. Es geht jedoch auch in die andere Richtung, der großen Lebensfreude, des Glückes.

Wer und was motiviert Sie

Das ist hierbei die große Frage. Das lateinische Wort „Motivare" bedeutet in Bewegung sein. In dem Wort ist das Motiv enthalten.

Wenn Sie kein richtiges Motiv haben, werden Sie nie in Bewegung kommen. Sie erinnern sich, Sie haben eine riesige Lebensvision, dafür gilt es sich einzusetzen. Das ist solch ein immens großes Motiv, welches Sie automatisch nach einer Eingewöhnungszeit motiviert. In Bewegung bringt, dass Sie das nicht verhindern können. Aber von alleine wird sich nichts tun, Sie müssen die Weichen selbst stellen.

Power und Kraft ohne Ende

Danach sei Ihnen eines gewiss, Sie werden Power und Kraft ohne Ende besitzen. Sie sind inspiriert und beflügelt, dass es läuft. Sie werden überrascht sein, mit welcher Leichtigkeit Sie durchs Leben gehen. Ohne Zaudern und die Dinge infrage zu stellen. Es wird für Sie zu einer Selbstverständlichkeit, dass Sie Dinge tun, welche zu tun sind, ohne lange zu überlegen oder nach rechts und links zu schauen. Sie sind auf Erfolg programmiert.

Die Neujahrsfalle

Diese kennen Sie bestimmt, immer an Silvester fängt man an, sehr nervös zu werden. Große Worte, was im nächsten Jahr anders wird und wie das Leben eine Wende nimmt, es das Jahr der Jahre wird. Alles wunderbar, leider zu schnell wieder verflogen. Genau da gilt es aufzupassen, dass Sie da nicht hineingeraten, denn am Ende hat man einen riesengroßen Frust.

Jedes Jahr das gleiche Theater

Für mich ist es ein Theater, welches die Menschen in der Silvesternacht veranstalten, ein richtiges Kasperletheater. Man kann die Menschen nicht mehr ernst nehmen, denn das, was sie sich vornehmen, ist wenige Tage später bereits Vergangenheit.

Wie oft möchten Sie sich noch belügen

Diese Frage sollten Sie sich tatsächlich stellen. Wie oft haben Sie sich schon belogen und wollen es noch tun? Nicht gerade ein schöner Zug, sich selbst gegenüber. Es hinterlässt einen relativ faden Geschmack. Sie können lügen so oft Sie möchten, nur sich selbst zu belügen, grenzt an Torheit.

Können Sie sich auf Ihr Wort verlassen

Machen Sie es sich zur Maxime, dass Sie sich wenigstens auf Ihr eigenes Wort verlassen können. Wenn schon nicht auf das der anderen Menschen, dann bitte auf das Eigene. Sie steigern dadurch ungemein die Selbstachtung und den Respekt vor sich. Das gibt unheimlich viel Motivation und Auftrieb.

Zielsetzungen können das ganze Jahr über erfolgen

Sie müssen nicht bis Silvester warten. Sie können jeden Augenblick mit Ihrer Zielsetzung starten und mit einem riesigen Drehmoment loslegen. Diesen Ausdruck habe ich aus der Autobranche ausgeliehen. Das heißt, der Anzug ist so gigantisch, wenn der Drehmoment hoch genug ist, bekommen Sie unendlich Kraft auf die Straße.

Machen Sie an Silvester eine Jahresklausurtagung

Es gibt den schönen Ausdruck, von zwischen den Jahren. Das heißt, das alte Jahr ist fast vorbei und das neue noch nicht ganz da. Dies ist der richtige Moment, um Bilanz zu ziehen, zu über-prüfen, was war miserabel, gut, sehr gut und hervorragend. Die Dinge, die nicht gut gelaufen sind, müssen nicht wiederholt wer-den, das macht nur ein Narr. Folglich lernen wir daraus, um im neuen Jahr eine Meisterleistung zu vollbringen. Hierzu muss man sich zurückziehen, in Klausur gehen. Frei von jeglicher Ablen-kung, in Ruhe sich auf das Wesentliche besinnen. Einen fulmi-nanten Plan für das folgende Jahr zu gestalten. Wir führen für un-sere Kunden jedes Jahr, in der ersten Januarwoche, eine Jahres-klausurtagung durch.

Verabschieden Sie das alte Jahr

Das alte Jahr zu verabschieden, ist von großer Bedeutung, denn es ist vorbei und um Mitternacht beginnt das neue Jahr. Mit unend-lichen Möglichkeiten und Perspektiven, wenn wir sie nutzen. Konzentrieren Sie sich auf diesen Moment und nehmen Sie unbe-dingt eines mit

„Was zurückliegt, ist aus und vorbei!"

Es kommt nie wieder, Sie können es nicht mehr rückgängig ma-chen. Deswegen bitte nichts bereuen und bedauern, Sie können es für die Zukunft besser machen. Denn das, was die meisten Men-schen machen, die Vergangenheit zu beklagen, oder sie zu glorifi-zieren, ist genauso eine Katastrophe.

Freuen Sie sich auf neue 365 oder 366 Tage

Freuen Sie sich auf großartige Chancen und Möglichkeiten. Nutzen Sie jeden Tag und machen Sie eine große Meisterleistung daraus. Ein Jahr scheint relativ lang zu sein, 365 Tage. Wenn wir das in Stunden bemessen, wirkt es für mich schon wesentlich geringer. Es sind genau 8.760 Stunden, unglaublich oder? Und wie schnell ist eine Stunde vorbei, ein Hauch von nichts? Ich hoffe, dass Sie mitnehmen, dass Ihr Leben zu kostbar ist, um ewig damit zu hadern. Das ist viel zu schade, genauso Zeit mit Menschen zu verbringen, die Sie Energie kosten.

Keiner kann Sie aufhalten

Das finde ich eine wunderschöne Aussage. Kein Mensch auf dieser Erde bringt es fertig, Sie aufzuhalten, außer Sie lassen es zu. Seien Sie beseelt und im gewissen Sinne besessen davon, zu Ihrem Erfolg zu gelangen, ohne „Wenn und Aber!" Zielgerichtet arbeiten Sie Tag für Tag daran, wissend, dass Sie es 100%-zig schaffen werden und dadurch in viel Lebensfreude und Inspiration landen.

Sie haben die gesamte Macht in sich vereint

Sie sind unendlich stark und zu allem fähig, wenn Sie daran glauben, es zulassen und konsequent Ihren Weg gehen. Lassen Sie die unzählig vielen Dummschwätzer an der Seite stehen. Leute, die alles besser wissen, können und selbst noch nichts bewegt haben. Auf diese brauchen Sie bestimmt nicht zu achten. Sie verfolgen Ihren Lebensweg, den gehen Sie mit einer großen Vehemenz und dem nötigen Durchhaltevermögen.

Setzen Sie Scheuklappen auf

In jedem Pferdebedarfsgeschäft finden Sie diese. Sie wissen doch, für was Pferde die Scheuklappen benötigen? Es sind schreckhafte Tiere, die sich gerne ablenken lassen. Dank der Scheuklappen sind sie gezwungen, nach vorne zu blicken und werden dadurch weniger abgelenkt. Genau das benötigen die meisten Menschen. Gehen Sie Ihren Weg unbeirrbar, dadurch kommen Sie Stück für Stück Ihrem Ziel näher, mögen da noch so schöne Dinge am Wegesrand zu einer Pause locken. Denken Sie daran, es ist eine Ablenkung auf Ihrem Weg und Sie haben keine Zeit zu verlieren. Diese ist nicht mehr einzuholen.

Ich muss doch offen sein

Das ist einer der dümmlichen Alibisprüche, offen sein für was?

Genauso wie die Angst, jegliche Spontanität zu verlieren. Das Gegenteil ist der Fall, Sie gewinnen immens Kraft, Power und Durchhaltevermögen, keiner kann Sie aufhalten. Das sind die entscheidenden Kriterien. Denken Sie daran, all die Leute, die Sie versuchen vom Weg abzubringen, wollen entweder Ihr Geld, Ihre Zeit, oder können es nicht leiden, wenn Sie tatsächlich zum Erfolg gelangen sollten.

Fort- und Weiterbildungen sind das A und O

Das Wichtigste im Leben eines Menschen ist, dass er sich weiterbildet und nie stehen bleibt. Leider haben das viele Menschen verlernt, oder sich nie zu eigen gemacht. Geschockt von der langen Schule, möchten sie irgendwann nichts mehr mit dem Lernen zu tun haben. Es wird abgelehnt, um nicht zu sagen, teilweise sogar gehasst.

Einmal Lernen, für das gesamte Leben

Das hatte früher Gültigkeit, da ist man in die Schule gegangen, hat eine Lehre oder ein Studium absolviert und dies reichte fast ein Leben lang. Es war damals völlig in Ordnung, aber heute bewegen wir uns im sogenannten Informationszeitalter, das ist eine völlig andere Zeit. Das Wissen verdoppelt sich mittlerweile alle zwei Jahre. In zehn Jahren spricht man sogar von einem Jahr. Wer sich ausklammert, ist schnell weg vom Fenster und darf nicht erstaunt sein, wenn er keinen Anschluss findet.

Lebenslanges Lernen

Das ist die neue Devise „Lebenslanges Lernen, ohne zu zögern!" Bauen Sie sich einen Fort- und Weiterbildungsplan auf. Gehen Sie absolut konsequent ins Rennen. Seien Sie glücklich und zufrieden mit sich, denn dadurch reihen Sie sich in die Reihe der Erfolgreichen ein. Sie wissen doch, wo der Erfolgreiche anfängt? Genau da, wo der Erfolglose aufhört. Es ist überhaupt nicht kompliziert, erfolgreich zu sein. Mit der richtigen, konsequent angewandten Technik, kommen Sie schnell voran.

Wie lange wollen Sie noch lernen

Das wurde ich oft gefragt, meine Antwort „So lange ich lebe!" Ich bin sehr stolz und glücklich darüber, schon in jungen Jahren diese Entscheidung getroffen zu haben. Dadurch bin ich in Dimensionen hinein gekommen, die ich sonst nie erreicht hätte. Ich habe viel gelernt und davon auch umsetzen können. Tun Sie es, schreiben Sie es sich auf die Fahnenstange, dass Lernen zu Ihrem großen Lebensinhalt gehört.

Dumm sein ist nicht schlimm, aber dumm sterben

Diese Aussage hat mir vor gut dreißig Jahren ein älterer Herr mit auf meinen Lebensweg gegeben, als ich mich gerade in einem meiner Wutanfälle befunden habe. Weil einige Dinge nicht so gelaufen sind, wie ich es gerne gehabt hätte. Damals habe ich es nicht sofort verstanden. Im Laufe der Jahre wurde es mir immer klarer und bewusster.

Wenn ich etwas nicht weiß, kaufe ich mir das Wissen ein

Ein einfaches Vorhaben, wenn man die Technik kennt. Heutzutage haben wir diese Möglichkeiten, können Wissen einkaufen. Ich habe keine Lust und keine Zeit, mir alles nach dem Prinzip von „Versuch und Irrtum" mühsam anzueignen.

Lernen Sie jeden Tag

Machen Sie es zu Ihrem festen Ritual, dass Sie nie ins Bett gehen, ohne dass Sie dazu gelernt haben. Lernen, als feste Größe in Ihrem Leben. Am Anfang mag es Ihnen etwas schwerfallen, mit der Zeit gewöhnen Sie sich daran. Dann wird es so sein, dass Sie ins Bett gehen und merken, dass Sie heute noch nichts dazu gelernt haben. Sie nochmals aufstehen, um sich an die Arbeit zu machen. Es fehlt Ihnen etwas, wenn Sie es nicht tun.

Schreiben Sie jetzt Ihre Grabrede

Ich habe für Sie eine weitere Aufgabe, schreiben Sie Ihre Grabrede. Bei diesem Gedanken wird es den meisten Menschen schlecht, oder sie finden es absurd. Egal, in welcher Position Sie sich im Moment befinden sollten, tun Sie es, geben Sie sich die Chance.

Eines Tages ist es soweit

Auch wenn Sie das für unmöglich halten, oder wie neulich eine Dame sagte „So etwas tut man nicht, Herr Crameri. Man spricht nicht über den Tod, sonst kommt er!" Das ist eine Ansichtssache. Ich weiß eines, der Tod kommt so oder so. Gut, wenn ich mir im Vorfeld einige Gedanken gemacht habe, nicht blind durchs Leben stolpere. Wozu denn auch, wir sind die einzigen Lebewesen auf dieser Erde, die imstande sind, zu denken und vorauszuplanen. Wir wären verrückt, wenn wir die Chance nicht nutzen würden.

Der Tod ist auch für Sie unumstößlich

Egal, ob Sie das Ganze als dumm bezeichnen, oder welchen Begriff Sie sonst dafür wählen, auch für Sie wird es unumstößlich werden. Wann, das wissen wir nicht. Ob das gut oder schlecht ist, kann und will ich nicht beurteilen. Wir wachen in der Regel nur dann kurzfristig auf, wenn der Tod in unseren nächsten Reihen wieder einmal zugeschlagen hat. Dann erschrecken wir, sind traurig und die eigene Vergänglichkeit wird uns bewusst. Um in der Regel nach einiger Zeit, zum Alltag zurückzukehren.

Beschäftigen Sie sich Zeit Ihres Lebens damit

Geben Sie sich die Chance und beschäftigen Sie sich damit. Auch wenn es unangenehm ist, sicherlich schmerzt und Sie weinen lässt. Das ist nicht tragisch, sondern tut gut. Weinen befreit und dadurch wird man in seinen Gedanken klarer und freier.

Eine Grabrede hilft sich zu positionieren

Die eigene Grabrede zu schreiben, hilft sich seiner Positionierung bewusst zu werden. Wo stehen Sie gerade und wo möchten Sie hin? Sollte der Wortlaut Ihrer Grabrede so lauten „War stets bemüht und für andere da. Leider zu früh verstorben und hatte noch unendlich viel vor!" Oder lieber „Ein reichhaltiges Leben ist zu Ende gegangen, wir werden durch die Werke und das Engagement weit über den Tod hinaus, an den Verstorbenen denken. Ein Mensch, der viel Gutes für die gesamte Menschheit getan hat und selbst aktiv mitten im Leben stand. Wir haben eine große Persönlichkeit verloren." Können Sie den Unterschied zwischen diesen beiden Reden feststellen, es ist wie Tag und Nacht. Schreiben Sie nun Ihre eigene Rede, wie Sie es gerne hätten.

Das ist Blödsinn

Nein, das ist kein Blödsinn, vom Ende her zurückzuschauen. Die meisten überblicken maximal einige Tage in ihrem Leben, vielleicht noch Monate. Es steht im Januar mehr oder weniger fest, wohin die Urlaubsreise geht und was sonst anliegt. Rückblickend sind wir wesentlich stärker, da wissen wir stets, was gut war und was nicht. So können wir noch die nächsten Jahrzehnte verbringen. Wenn Sie kurz zurückschauen, wo sind die letzten zehn Jahre geblieben? Weg, einfach weg. Was haben Sie in dieser Zeitspanne Großartiges erlebt, getan und gemacht? Was fällt Ihnen spontan dazu ein, ohne lange zu überlegen?

Es ist Ihr Leben

Nochmals, es ist ausschließlich Ihr Leben und damit können Sie machen, was Sie möchten. Sie haben die Wahl, zwischen einer großen Meisterleistung, mit viel Bewegung und Erfolg, oder eben dem krassen Gegenteil davon. Die freie Entscheidung, das finde ich wunderbar.

Schreiben Sie sofort

Ich hoffe, Sie sind bereit mit Ihrer Grabrede anzufangen. Ohne lange zu überlegen, oder in die alte Krankheit des Verschiebens zu verfallen. Fangen Sie sofort an und es wird Ihnen zusehends leichter von der Hand gehen. Sie werden erstaunt sein, was Ihnen alles einfällt. Ich habe auf dieser Seite genug Platz dafür vorgesehen. Eine Grabrede muss für die Hinterbliebenen in ewig guter Erinnerung bleiben.

Wie fühlt es sich für Sie an? Sind Sie stolz und glücklich, wenn Sie Ihre Rede lesen? Oder gehören Sie zu denen, die sagen „Oh je, oh je, hier ist dringend Handlungsbedarf. Genau so ein Leben, wollte ich nicht und nun befinde ich mich mitten drin."

Ihr Fazit: _____

Sie haben die Chance, es zu ändern

Noch leben Sie, folglich heißt das, Sie können die Dinge zu Ihrem Wohle und in Ihrem Sinne ändern. Das ist doch wunderbar, dass Sie zu den Glücklichen zählen, welche die Chance haben, es zu erkennen und zu ändern. Viele Menschen nehmen den Tod und das Leben als Schicksal hin, was völlig außerhalb der eigenen Reichweite liegt, das ist leider nicht positiv. Ändern Sie Ihre Einstellung und Ihr Leben wird sich enorm verändern.

Diskutieren Sie nie wieder

Ein Aspekt, den Sie befolgen sollten. Ich gehe davon aus, dass Sie ein großer Experte der Diskussion sind. Ich habe mir das vor Jahren abgewöhnt und lebe seitdem ruhig und friedlich. Wenn ich zurückblicke, welche Debatten ich geschlagen habe und wie viel kostbare Lebensenergie dadurch verloren gegangen ist. Unglaublich, wie töricht ich damals durch die Welt marschiert bin. Es ist zum guten Glück Vergangenheit, damit vergangen und durch meine klare Entscheidung, hat es nichts mehr in meinem Leben zu suchen.

Es kostet Energie

Sie kennen sich sicherlich aus. Am Ende der Diskussion hat man viel Energie verloren und fühlt sich nicht besonders glücklich, außer bei denen, die das Diskutieren als Beruf ansehen. Es voll und ganz darauf anlegen und sich darin laben. Denjenigen geht es natürlich gut dabei, wenn Sie es einem anderen so richtig sagen konnten. Nach dem Prinzip

„Dem habe ich aber jetzt meine Meinung gesagt!"

Aber, was bringt es Ihnen? Macht es Sie glücklicher? Ändert es etwas an Ihrem Erfolg?

Sie brauchen nicht recht zu haben

Wieso wollen Sie überhaupt recht haben? Das ist Schwachsinn, jeder sieht das aus seiner Sicht. Das Prinzip der Indianer

„Erst eine Meile in den Mokassins des anderen zu laufen!"

tut kaum einer. Jeder sieht das aus seiner Perspektive und davon gibt es im Leben viele. Es hängt davon ab, wo Sie gerade stehen. Nutzen Sie lieber Ihre Energie, um an Ihrem Leben zu arbeiten und es so zu gestalten, dass Sie zufrieden und überglücklich sind.

Sie haben aus Ihrer Sicht völlig recht

Jeder hat aus seiner Sicht recht. Was soll der Versuch, den anderen seine Sichtweise aufs Auge zu drücken? Menschen, die oft alles besser wissen und können, sind nicht beliebt. Oder mögen Sie Leute, die so unterwegs sind? Bestimmt nicht, folglich überprüfen Sie Ihre Vorgehensweise, ob Sie auch dazugehören.

Lassen Sie jedem seinen Glauben

„Nach eurem Glauben geschehe euch" steht bereits in der Bibel und missionieren ist in der Tat von Übel. Sie leben dadurch viel ruhiger, die Energie bleibt bei Ihnen und Ihren wichtigen Projekten. Somit haben Sie keine Zeit- und Energiefresser, die Sie von Ihrem Weg zum Erfolg abhalten. Sie möchten doch in Ihrem Leben große Ziele erreichen?

Jeder kann denken, leben und glauben, was er möchte

Das ist auch gut so. Ich bin glücklich, in solchen Ländern leben zu dürfen, wo diese Möglichkeiten bestehen. Darüber sollten wir uns bewusst sein und dankbar dafür. Es erleichtert uns ungemein unser Leben.

Lassen Sie die anderen in Ruhe

Lassen Sie bitte die Menschen nach ihrer Fasson leben. Das ist wichtig, denn jeder ist für sich verantwortlich. Wenn Sie gefragt werden, geben Sie Antwort, ansonsten mischen Sie sich bitte nicht ein, dadurch leben Sie friedlicher. Dies fällt vor allem in der eigenen Familie, oft sehr schwer, wo die Eltern nicht ihre Kinder loslassen können, bevormunden und sich permanent in deren Leben einmischen. Zu einem späteren Zeitpunkt sind es dann die Kinder, die den Eltern sagen, wie alles zu laufen hat, wo es lang geht. Was diese machen und lassen sollten, das ist doch unvorstellbar, darf einfach nicht sein.

Entziehen Sie sich jeglicher Diskussion

Machen Sie es sich bitte zur Maxime, sich jeglicher Diskussion zu entziehen. Ich diskutiere nie und nimmer. Wenn jemand anderer Meinung ist, kann ich das akzeptieren, es ist für mich in Ordnung. Wenn jemand etwas wissen möchte, bin ich gerne bereit zu helfen, aber nur dann. Sonst führt das wieder zu einer unnötigen Diskussion. Diese raubt Energie, Zeit und bringt beiden Parteien nichts.

Es gibt ein Leben vor dem Tod

Langsam nähern wir uns dem Ende. Alles hat einen bestimmten Zyklus und eine sogenannte Zeitqualität. Dies ist der normale Kreislauf, welcher sich permanent wiederholt.

Vergessen Sie das bitte nie und nimmer

Viele leben, als wären sie gerade in der Generalprobe. Das ist fatal, denn wir leben in der Uraufführung. Alles, was vorbei ist, kommt niemals wieder. Verschenkte, verplemperte Stunden sind für ewige Zeiten verloren, diese kann man nicht einholen. Bitte bedenken Sie, unsere Lebensuhr tickt unaufhörlich weiter.

Aufwachen und nochmals aufwachen

Wachen Sie endlich auf, leben Sie ab sofort im „Hier und Jetzt!" Es ist Ihre Zeit und Ihr Leben, stehen Sie zu sich. Es ist traurig, dass wir solche Dinge nicht bereits in der Schule lernen. Dabei wäre es von großer Wichtigkeit, würde viel Elend, Kummer und Frust vermeiden.

Wenn Sie Dinge verschieben, kann es eines Tages zu spät sein

Sie haben das Buch gekauft, weil Sie der Titel angesprochen hat. Handeln Sie danach und verschieben Sie nie irgendetwas auf später. Das Schlimmste, was passieren könnte, dass es eines Tages zu spät ist. Das finde ich schrecklich und grausam, so weit sollte es aber nie kommen.

Hätte ich doch nur, eine schreckliche Geschichte

Wie oft haben wir das schon von anderen Personen, oder sogar von uns gehört? Es begleitet uns durch unser gesamtes Leben. Hätte ich doch nur, finde ich eine der furchtbarsten Aussagen. Es liegt an uns Sorge zu tragen, dass wir da nie hineingelangen.

Ich lebe im Hier und Jetzt

Sagen Sie sich das permanent, denn dass Sie gerade jetzt in dem Moment leben, zeigt die Tatsache, dass Sie am Lesen sind. Ob es für Sie die Möglichkeit auch noch morgen geben wird, wissen wir heute im „Hier und Jetzt" noch nicht. Tun Sie es bitte nicht als Schwachsinn ab. Auch Sie haben mit Sicherheit in Ihrem Leben schon mitbekommen, dass man zusammen war und einige Minuten später war derjenige, bereits nicht mehr unter uns.

Ich verschiebe niemals etwas

Heften oder kleben Sie sich diesen Merksatz an verschiedene Orte, dass Sie ihn so oft wie möglich lesen können. Was man täglich schwarz auf weiß liest, hat die Möglichkeit sich zu manifestieren. Hängen Sie sich den Zettel mit diesem Satz in Ihr Schlafzimmer, an den Badespiegel, in die Küche, ins Auto, Büro, usw. Auch wenn Ihre Mitmenschen darüber lächeln sollten, beachten Sie diese einfach nicht.

Seien Sie für alles dankbar

Genauso gehört dazu, dass Sie über alles dankbar und glücklich sind. Für jeden kleinen Fortschritt, denn es ist Ihr Verdienst und darüber sollten Sie nicht hinweggehen. Halten Sie kurz inne, denken Sie bei dieser Arbeit auch an die Belohnung. Sie erinnern sich noch? Eine Belohnung, für eine außergewöhnliche Leistung.

Die Turbolösungen

Zusammengefasst die Turbolösungen, wie Sie zügiger vorankommen. In dem Gedanken, dass sich nichts ohne eine Entscheidung tun wird. Sie müssen es tun, dann klappt es auch in der Wiederholung.

Lesen Sie das Buch mindestens 20 Mal

Sie haben richtig gelesen, viele lesen ein Buch ein einziges Mal und sind der Meinung, dass sie alles verstanden haben und behalten können. Dem ist leider nicht so, da wir stark der Vergesslichkeits-Quote unterliegen. Dringliche Dinge können sich nur durch eine permanente Wiederholung manifestieren. Sie werden erstaunt sein, dass Sie jedes Mal neue Dinge entdecken.

Besuchen Sie Seminare

Das möchte ich Ihnen ans Herz legen, kommen Sie zu uns auf Schulungen. Live vor Ort, in einem intensiven Training, kommen Sie wesentlich weiter. Ein Buch dient als Inputquelle, um sich mit der Materie zu befassen, danach sollte die intensive Auseinandersetzung erfolgen. Auf 2-Tages-Seminaren haben Sie die Chance, sich nicht nur mit dem Thema zu befassen. Sondern Sie können sich auch mit dem Seminarleiter unterhalten und zusätzlich, wertvolle Inputs erhalten. Schreiben Sie uns eine kurze E-Mail an crameri@crameri.de, Sie erhalten die Daten und weitere Infos.

Lesen Sie täglich den Crameriblog, mit wertvollen Inputs

Schauen Sie täglich unter www.crameriblog.de nach den neuesten und kostenlosen Inputs. Dort erhalten Sie Tipps, aus dem täglichen Leben, welche Ihr Dasein inspirieren und Sie bereichern. Es kostet Sie nichts, außer ein paar Minuten Zeit sich einzuloggen. Nachdem Sie bestimmt meistens online sind, ist das kein Problem, die Seite unter Favoriten abzuspeichern.

Abonnieren Sie den Newsletter

Sie erhalten Empfehlungen und Möglichkeiten, das Leben einfacher und eleganter zu gestalten. Es macht Freude, positive Inputs zu erhalten. Ich höre immer wieder, dass Leute behaupten, sie hätten keine Zeit. Welch ein riesiger Schwachsinn, jeder hat pro Tag 24 Stunden zu seiner Verfügung. Wie kann man so etwas behaupten? Meine Frage, ob die Leute TV schauen? Natürlich, denn es ist selbstverständlich die Nachrichten zu sehen, um zu wissen, was in der Welt geschieht. Das kann ich gut verstehen, denn es ist enorm wichtig, zum Beispiel zu wissen, dass in China ein Sack Reis umgefallen ist.

Lassen Sie sich von mir coachen

Wenn Sie häufig hängen, lassen Sie sich von mir coachen. Mit einem Erfolgsproduzenten zusammenzuarbeiten macht Spaß und Freude, da wir ausschließlich erfolgsorientiert arbeiten. Sei es einmalig, einmal im Monat, in der Woche oder sogar täglich, es gibt verschiedene Möglichkeiten. Eine E-Mail an crameri@crameri.de und Sie erhalten einen kleinen Fragekatalog. Danach werden wir uns unverbindlich zusammensetzen, wenn ich sehe, dass es einen Sinn ergibt, dies ist kostenlos für Sie.

Begleiten Sie uns mit Erfolgreichen auf Reisen

Wir organisieren tolle Events auf der ganzen Welt. Es macht Spaß mit Erfolgreichen unterwegs zu sein. Eine besondere Schwingung auf hohem Niveau begleitet die Reisen. Als Reiseveranstalter bieten wir Dinge an, die es nicht von der Stange zu kaufen gibt.

Arbeiten Sie täglich an Ihrem Lebenswerk

Machen Sie es sich zur Aufgabe, jeden Tag an Ihrem Lebenswerk zu arbeiten, sonst wird es nichts. Ohne nach rechts oder links zu schauen, setzen Sie Scheuklappen auf. Das Schlimmste ist, zu früh sterben zu müssen, weil die Zeit nicht ausgereicht hat, vor lauter Trödeln und Verschieben.

Wer aufgibt, hat verloren

Vergessen Sie das nie und nimmer. Wenn Sie aufgeben, haben Sie verloren. Genau in diese Bereiche dürfen Sie sich nie und nimmer hineinmanövrieren, das ist ungesund für Sie. Die Schadenfreude Ihrer lieben Mitmenschen sei Ihnen zu 100% gewiss. Wenn Sie damit anfangen, werden Sie sich daran gewöhnen und es wird für Sie zur großen Selbstverständlichkeit.

Streichen Sie das Wort „Aufgeben" aus Ihrem Vokabular

Tun Sie es bitte bewusst, entfernen Sie das Wort „Aufgeben" für alle Zeiten aus Ihrem Sprachschatz, ersetzen Sie es durch Durchhaltevermögen. So einfach und banal das klingen mag, es ist von großer Bedeutung und das sieht man erst, wenn es zur Sache geht.

Sie sind ein großer Sieger

Auch hier wiederhole ich mich. Sagen Sie es immer und immer wieder „Ich bin ein großer Sieger!" So oft Sie können, bis es überhaupt keine Alternative mehr gibt. Sie waren doch bisher auch nicht kleinlich im Wiederholen, der gesamten negativen Äußerungen. Ändern Sie es, programmieren Sie sich positiv.

Sie geben erst auf, wenn Sie tot sind

Denken Sie daran, erst wenn Sie gestorben sind, war es das. Vorher heißt es, dabei bleiben, ohne einen Millimeter davon abzurücken. Ohne nach rechts oder links zu schauen. Mögen die anderen Menschen sagen und denken, was ihnen beliebt, das hat Sie nicht zu interessieren. Wenn ich damals auf alle gehört hätte, wäre ich niemals dahin gelangt, wo ich mich jetzt befinde. Es steht und fällt mit Ihnen.

Sie schaffen alles

Sie schaffen alles, wenn Sie wollen. Vergessen Sie die dummen Sprüche von wegen „Schuster, bleib bei deinen Leisten" oder „Man muss auch einmal zufrieden sein!" Solch einen Schwachsinn würden Sie niemals von Erfolgreichen hören. Ganz im Gegenteil, die würden zu Ihnen sagen „Komm mach es, ohne nach rechts und links zu schauen!"

Sie sind eine sehr starke Persönlichkeit

Das haben Sie womöglich bisher nur noch nicht wahrgenommen, das ist schade. Natürlich wird das kaum jemand zu Ihnen sagen. Vor allem nicht die Leute aus den eigenen Reihen. Dadurch würde man Sie unnötig groß und stark machen. Das können diese Leute überhaupt nicht verkraften. Für die ist es bequemer, wenn Sie bleiben, wie Sie schon immer waren.

Das Wort „Nein" ist Ihr Freund

Üben Sie, denn es wird Ihnen auf Ihrem Weg zum großen Erfolg sehr helfen. „Nein" als eine klare Ansage. Ein kleines Kind hat damit keine Probleme, wenn es etwas nicht möchte. Aber durch die großartigen Erziehungen wird es einem sukzessive abgewöhnt und irgendwann ist es gänzlich verschwunden. Das ist nicht gut, denn wenn Sie zu oft ja sagen, verlieren Sie Ihr Wertvollstes, was Sie haben, Ihre Lebenszeit, mit der Sie viel bewegen können. Aber nicht, wenn Sie für andere Menschen den „Trottel" spielen. Wenn Ihnen die Bezeichnung nicht gefallen sollte, ändern Sie diese.

Dienstleistungen bei Crameri-Naturkosmetik

Es ist kaum zu glauben, wir sind am Ende des Buches angelangt, ist das nicht wunderbar? Ich habe für Sie viel geschrieben und Sie haben super mitgemacht. Klasse, und wie geht es jetzt weiter? Das ist die große und berühmte Frage, wenn etwas zu Ende geht. Werden wir uns wieder sehen, persönlich einmal begegnen? Werden Sie weitere Bücher von mir lesen? Oder haben Sie die Nase voll? Werden Sie meinen Namen auf Ihrer Liste streichen? Egal, zu welcher Entscheidung Sie gelangen, es ist alles gut so, wie es ist.

Am Ende solch eines Werkes habe ich ein lachendes und weinendes Auge. Ein weinendes Auge, weil es mit diesem Buch zu Ende ist. Ich habe mir viele Gedanken gemacht, Stunde um Stunde geschrieben und permanent überprüft, ist es Ihr Thema? Ist es das, was Sie interessiert? Ein lachendes Auge, weil ich eines weiß, Erfolgreiche werden sich wieder sehen. Folglich machen Sie eine große Meisterleistung, ob mit oder ohne die diversen Dienstleistungen von Crameri-Naturkosmetik. Hier in der Zusammenfassung sehen Sie nochmals die einzelnen Positionen, was wir Ihnen auf Ihrem Weg zum Erfolg anbieten können.

Crameriblog

Täglich kostenlose, wichtige Inspirationen, mit vielen wertvollen Themen, direkt aus dem Leben. Sie finden unseren Blog unter www.crameriblog.de.

Seminare

Als besondere Bereicherung, zur Vertiefung der einzelnen Themen und für das intensive Training. Persönlich vor Ort kann ich

Ihnen noch viel mehr wertvolle Inputs geben, denn der Rahmen eines Buches ist doch etwas begrenzt. Schicken Sie eine E-Mail an crameri@crameri.de.

Coaching

Sie lassen sich von mir zu Ihrem Erfolg coachen. Ob einmalig, monatlich, wöchentlich oder täglich, es lässt sich abstimmen, je nach freier Kapazität. Im Schnitt habe ich eine Warteliste von circa einem halben Jahr. Das heißt, wenn Sie erwägen, sich coachen zu lassen, stellen Sie unverzüglich die Anfrage. Das erste Gespräch ist kostenlos für Sie. Mailen Sie an crameri@crameri.de.

Newsletter

Wöchentliche News aus dem Hause Crameri, mit vielen Anregungen, Aktionen, Inputs für ein schöneres und eleganteres Leben, hier auf Erden. Viele wertvolle Informationen sind heutzutage das A und O. Abonnieren Sie den Crameri-Naturkosmetik-Newsletter unter www.crameri-newsletter.de.

Gemeinsame Reisen

Begleiten Sie uns auf einer der besonderen Reisen. Mit Gleichgesinnten, positiven und erfolgreichen Menschen zu verreisen, ist inspirierend und gibt unendlich viel Power und Energie. Schicken Sie eine E-Mail an crameri@crameri.de.

Regelmäßig neue Bücher

Lesen Sie regelmäßig zu den verschiedensten Lebenssituationen, die neuen Bücher von mir. Sie sind ein Fundus an Weisheit und lebenserleichternden Möglichkeiten. Alle Publikationen finden Sie unter www.bücherverlag.com oder www.buchverlag24.de.

Ein Auszug aus unseren Werken

Ein Millionär als Traumpartner

Partnerschaftsratgeber gibt es in Hülle und Fülle. Trotz des prasselnden Feuerwerks an gut gemeinten Informationen und Richtlinien, scheinen die Menschen ihr Verhalten nicht anzupassen und werden in Beziehungen immer unglücklicher und unglücklicher.

"Ein Millionär als Traumpartner" packt dieses Problem von einer ganz neuen Seite an. Es wird ganzheitlich vorgegangen. Anstatt den Menschen Vorschriften zu machen, wird ihnen ein Spiegel vorgehalten, der klar macht, wo die Ursachen für die Umsetzungsprobleme liegen.

Fange endlich an zu leben

Fange endlich an zu leben

Du hast kein ewiges Leben,
auf was willst Du noch warten?

Nimm endlich Dein Leben in die eigenen Hände
und mache eine Meisterleistung daraus

Ein Titel, welcher schon lange fällig war. Die meisten Menschen leben leider, als hätten sie ein ewiges Leben. Vieles wird immer wieder auf irgendwann verschoben. In der Hoffnung, dass es besser wird oder sich so manches von alleine erledigt.

Dem ist aber leider nicht so. „Von nichts tut sich auch nichts!" Das Buch geht ans Eingemachte. Um klare Fakten, endlich sein Leben voll und ganz in die eigenen Hände zu nehmen und für sich selbst Verantwortung zu tragen.

Weitere Bücher finden Sie unter www.bücherverlag.com
oder unter www.buchverlag24.de

Wahrheit und Klarheit im Kosmetik- und Wellness-Institut

Hier geht es um viele Fakten in der Wellness-Branche. Was oft als Wellness verkauft wird, hat fast überhaupt nichts damit zu tun. Eine klare Abrechnung mit den schwarzen Schafen, die leider eine wunderbare Branche in hohem Maße durch Ignoranz und Inkompetenz, in Misskredit bringen.

Dies muss wahrhaftig nicht sein. Das Buch dient für Wellness-Bewusste als klare Entscheidungshilfe, was zu erwarten und auch einzufordern ist. Genauso, was zu tun ist, im Falle von schlechter Leistung. Es geht um mündige Bürger, die ihre Rechte und Pflichten klar kennen. Für die Fachwelt dient das Buch als Unterstützung sich danach richten zu können, was alles wichtig ist, um zum Erfolg zu gelangen.

Wahrheit und Klarheit im Kosmetik- und Wellness-Institut

Damit Sie als Kunde Ihre Rechte und Pflichten kennen!!!

Damit Sie als Kosmetik- und Wellness-Spezialist Ihre Rechten und Pflichten kennen!!!

Klare, sofort umsetzbare Strategien für Behandler und Kunden
Schluss mit dem Wellness-Nepp!!!

Weitere Bücher finden Sie unter www.bücherverlag.com oder unter www.buchverlag24.de

Horror
Eingewachsene Zehennägel

Horror
Eingewachsene Zehennägel

Woher kommen eingewachsene Nägel

Was können Sie dagegen tun

Wertvolle Tipps aus der Praxis

Der Horror für jeden, der schon einmal in den Genuss eines eingewachsenen Zehennagels kam. Das dünnste Leintuch ist oft eine große Qual, Schmerzen ohne Ende. Angefangen mit leichtem Einwachsen, bis hin zu den schlimmsten Entzündungen. Leider ist das Verständnis für diese Störung überhaupt nicht vorhanden.

Sowohl der Laie als auch die Fachwelt setzen des Öfteren viele große Fragezeichen. Schade, denn durch eine Nagelspangenkorrektur, wie man sie auch aus der Zahnmedizin kennt, ist sehr wohl Abhilfe zu schaffen. Ein Buch für den Profi wie den Laien, sich hier zu Recht zu finden.

Weitere Bücher finden Sie unter www.bücherverlag.com
oder unter www.buchverlag24.de

Gib niemals auf, sei kein Verlierer

Leider sind wir zu einer Nation von Aufgebern mutiert. Kaum zeichnet sich die kleinste Schwierigkeit ab, werfen wir die Flinte ins Korn. Damit muss endlich Schluss sein!

Nehmen Sie Ihr Leben in Ihre eigenen Hände und lassen Sie sich von nichts, aber gar nichts irritieren. Bleiben Sie dran und Sie gewinnen. Es ist Ihr Geburtsrecht, als Gewinner durchs Leben zu gehen.

Denken Sie immer daran „Der Erfolgreiche beginnt da, wo der Erfolglose aufhört!" Zu welcher Gruppe möchten Sie sich zählen? Sie haben die Wahl, wählen Sie bewusst und dann ziehen Sie es durch, ohne "Wenn und Aber."

ERNST CRAMERI

Gib niemals auf, sei kein Verlierer

Schluss mit der Miserie

Wertvolle Tipps für die Durchhaltestrategie

Weitere Bücher finden Sie unter www.bücherverlag.com
oder unter www.buchverlag24.de

Lightning Source UK Ltd.
Milton Keynes UK
UKHW050749110419

340868UK00005B/729/P